Irineu Ruzza Romanato

Aplicações e soluções,

Uma Jornada da ideia à implementação

"O sucesso nos negócios é sobre pessoas, produtos e paixão."

Richard Branson

Dedicatória

Quero agradecer muito a Deus, à minha mãe (Dona Denize) por tudo que ela fez e faz por mim, aos meus amados avós materno, Elen e Seraphim que sempre foram e sempre serão meus amores eternos, vocês fazem uma falta imensa.

Meu agradecimento imenso e especial para minha amada esposa Lenita que sempre está ao meu lado, com uma paciência imensa, principalmente quando me dedico na escrita de algum livro ou documentos. Meus mais carinhosos e especiais agradecimentos a minha filha Leticia e meu filho Victor que são as luzes que brilham na minha vida.

Ao meu querido e amado irmão Mauricio, que nem sempre consegue estar próximo a mim nesses momentos únicos da vida, mas eu sei que estamos sempre em sintonia.

Quero um espaço para agradecer aos meus amados primos Toni, Sandra, Lara e João. Incrível como vocês nos receberam quando chegamos nessa terra maravilhosa que é Portugal. Vocês são fantásticos e nos fazem sentir que pertencemos a esse local.

Aos meus queridos amigos Carla, Rafael e Gabriel, que sempre estão próximos dando força e fazendo os momentos mais alegres.

Por fim, quero agradecer a todos que estão sempre ao nosso lado transformando momentos em memorias fantásticas.

Sumário

Prefácio

Eu fico muito admirado quando vejo uma pessoa empolgada com uma super ideia buscando uma forma de colocar em prática, de materializar e de tornar concreto um sonho. Uma centena de vezes eu presenciei pessoas fantásticas com ideias fantásticas lutarem com opiniões contrarias as suas ideias porque tinham a mais absoluta certeza de que seria superlegal o resultado de seus sonhos, seja porque iriam ajudar outras pessoas ou porque aquilo iria de encontro com o que eles acreditavam.

Depois de algum tempo comecei a olhar essas pessoas e pensar como eu, de alguma forma, poderia ajudá-las a chegar no objetivo final, não importando se a ideia era boa ou ruim. Quem deveria em algum momento ter essa percepção eram as pessoas e não eu.

Pensei muito e cada vez mais entendia que ajudar a todos seria impossível, mas ajudar àquelas pessoas que estão envolvidas com alguma ideia ou projeto que está ligado ou tem relação com a tecnologia, aí sim eu poderia "arregaçar as mangas" e ajudar mesmo, de verdade.

O episódio que vou contar e descrever como exemplo neste livro foi, talvez, o marco zero para eu buscar meios de ajudar essas pessoas.

De alguma forma eu sempre busco realizar e colocar em pratica um ensinamento que minha querida e amada avó me dava;

> *"do que adianta ser luz se não for também para iluminar o caminho do próximo"*

Em momento algum tive a intenção ou desejo de criar uma metodologia ou substituir aquilo que há no mercado, nem mesmo ensinar ou explicar sobre qualquer linguagem de programação. Para isso eu mesmo posso indicar websites ou canais do Youtube que são fantásticos.

Aproveitando o espaço existe um canal no Youtube do Professor Bruno, **CFBCursos**, talvez esse seja o professor com a melhor didática que eu já tenha visto para ensinar algumas linguagens de programação.

Ele ensina em um canal gratuito uma lista imensa de linguagens e tecnologias, com uma paciência imensa e um nível de detalhe muito legal. Para quem quiser um dia aprender um pouco sobre esse tema eu recomendo esse fantástico professor.

Retornando ao assunto, a vontade que havia era de fazer com que uma pessoa que não fosse da área de tecnologia, que não está envolvida em assuntos de desenvolvimento de uma nova aplicação ou site pudessem pegar as suas super ideias e se sentar ao lado de quem está envolvido e conhece do tema, e dar a essa pessoa material com algum nível técnico e com bom conteúdo, principalmente para facilitar a comunicação entre as duas partes permitindo que a ideia saia da cabeça e vá ao menos para o papel.

E aqui fica uma explicação, pois a ideia inicial começou a alguns anos atrás com um trabalho que fiz a um amigo apoiando em um projeto para sua empresa.

Uma vez um amigo me disse que não importava essa minha vontade, porque um bom profissional de tecnologia deveria saber interpretar as necessidades de uma pessoa leiga em tecnologia e que esse material que eu estava pensando não era importante, não seria útil.

Eu disse talvez você esteja certo, vou pensar um pouco mais sobre o material e repensar minha ideia. Deixei o assunto mudar de tema e não me abati com a opinião dele.

Acho que foi o primeiro balde de água fria, ou melhor gelada que eu recebi quando compartilhei com alguém sobre a minha ideia de escrever um livro para ajudar outras pessoas.

Depois de algum tempo eu encontro esse amigo querido que veio me contar uma história fantástica, mas a primeira coisa que ele me conta é que eu estava certo e que eu precisava realmente escrever o livro, porque ajudaria muita gente.

Eu queria entender como ele havia mudado tão rápido de ideia sobre esse tema, pois havia passado não mais que 4 ou 5 meses.

A mãe desse meu querido amigo é uma daquelas pessoas com muitos dons culinários, eu realmente nunca tinha visto alguém com tanta conexão com a culinária. Ela disse que gostaria de colocar todas as suas receitas em um site e compartilhar com todos tudo aquilo que ela havia aprendido em uma vida, mas ela queria também ensinar os truques que cada receita tinha, pois segundo ela a maioria das receitas eram de família e não era simplesmente misturar tudo, havia uma certa alquimia na preparação.

Eles procuraram uma amiga que temos em comum, que é talvez uma referência em metodologia e projetos, e que começou a desenhar o que ela queria. Faço aqui uma observação, pois eu conheço a pessoa que eles procuraram e realmente ela é uma profissional ímpar, tem um tato no relacionamento com as pessoas e um conhecimento técnico que não deixava dúvidas de que o resultado seria superlegal.

Muito ao contrário de tudo isso o resultado foi uma catástrofe. Os jargões não batiam, as expectativas não se alinhavam e mais uma vez eu fui chamado para ajudar. A primeira coisa que eu percebia é que a comunicação tinha falhas que estavam sendo causadas por falta de conhecimentos técnicos dos dois lados, mas a coisa interessante é que o projeto talvez já estaria muito grande e caro para o que a idealizadora tinha em mente.

Em resumo essa "ajuda consultiva" me fez engordar 2 quilos por causa de algumas horas deliciando iguarias culinárias que ela preparava enquanto nos quatro falamos e documentávamos tudo que ela tinha em mente.

Esse processo aconteceu com nossa amiga especialista em metodologias e projeto acompanhando o tempo todo, pois ela queria entender onde poderia ter errado. Ao final de toda a sequência de reuniões ela veio conversar comigo e disse que eu precisava compartilhar esse modo simples, mas muito objetivo de consolidar as e informações.

Eu decidi escrever esse material e espero que você, leitor, chegue na última página com algum conhecimento extra e consiga em algum momento transformar sua ideia em um produto real sem ter que passar por uma guerra com algum profissional de tecnologia.

Seja muito bem-vindo a esse espaço e venha comigo apreciar essa jornada de conhecimento!

Conceito de aplicação e solução

Em todo esse livro eu utilizo muito as palavras aplicação e solução, vale explorarmos um pouco qual o conceito que estou usando para definir cada uma delas.

Quando eu falo de aplicação estou pensando em um aplicativo ou um website que será acessado por um usuário final, seja através de seu computador, tablet, smartphone ou dispositivo móvel que suportar a aplicação.

Toda vez que penso em uma aplicação penso em um software que foi criado com uma ou várias linguagens e que tem uma finalidade específica, vou dar um exemplo de aplicação; o WhatsApp é um aplicativo que roda em um dispositivo móvel e se olharmos um pouco mais de longe veremos a solução WhatsApp.

Quando eu falo em uma solução estou incluindo os vários aplicativos que tenho para um fim, por exemplo posso dizer que meu amigo tem uma solução de gestão da empresa dele que começa dentro do ambiente de produção e termina na gestão da vida do cliente.

Essa solução tem vários aplicativos, sendo que há uma aplicação que conecta com os equipamentos que fabricam o produto que ele comercializa, outros aplicativos são responsáveis pelo sistema de estoque e que estão diretamente integrados com os aplicativos que conectam com os equipamentos de produção. Há também aplicativos que fazem a gestão financeira da empresa e na ponta mais extrema a aplicativos ou sites web que permitem que o cliente acompanhe o pedido que foi feito e confiram se os pagamentos das notas fiscais estão corretamente baixados na área financeira.

Em resumo a solução é o conjunto de aplicativos que fazem parte de um arcabouço tecnológico para gestão de algo dentro da empresa ou casa, podendo ser em casos mais extremos para a gestão completa da empresa.

Como surgiu essa ideia

A alguns anos atrás eu fui procurado por um grande amigo que precisava de uma solução web para sua empresa, porém acompanhado dessa necessidade de uma solução web também vinha um "talvez eu precise" de uma solução mobile para o time de vendas.

Minha primeira impressão é que seria algo simples e dei algumas orientações que ajudaram ele a buscar fornecedores no mercado e olhar as soluções que existiam prontas.

Naquele momento eu entendi que falta somente uma boa orientação e que com essas "dicas" ele conseguiria dar os próximos passos.

Infelizmente depois de um tempo ele me procura novamente e diz que a procura por soluções não havia andado muito bem, ele havia encontrado soluções que eram muito caras e completas até demais ou soluções com preços acessíveis, mas que tinham uma deficiência muito grande de funcionalidades.

Não estava ficando muito fácil para ele conseguir encontrar o encaixe entre uma aplicação de mercado e o negócio. Existe um termo para esse encaixe, no mundo da tecnologia e dos sistemas chama-se "*aderência dos processos ao sistema*".

Nenhuma das aplicações permitia uma integração nativa com o sistema de gestão da produção e vendas que ele utilizava e no final das contas ele iria precisar fazer um trabalho manual que poderia ser um grande problema, pois seria um risco e com certeza uma hora haveria falha humana.

Estávamos falando de um volume diário de dados considerável e que precisaria de mais de uma pessoa para lançar isso no novo sistema e outra pessoa para conferir, tudo isso deixaria mais evidente que haveria falha em algum momento, tudo era uma questão de estatística.

Como eu tenho uma certa liberdade com esse amigo, aliás por sinal um amigo de mais de 35 anos de amizade, disse que talvez ele não soubesse o que estava buscando ou que estava indeciso porque não sabia muito bem até onde ele queria chegar com esse novo sistema e pelo que ele havia comentado estavam faltando muitos detalhes para ele concluir definitivamente qual solução adotar.

Novamente falamos e orientei-o a envolver mais as pessoas da empresa que utilizavam o sistema atual e que também utilizariam o sistema novo para uma melhor escolha, brinquei dizendo que estava faltando democracia.

Eu estava em um período de troca de emprego, porém haveria um hiato entre eu sair de uma empresa e entrar no novo desafio, mas eu temia que esse tempo não fosse suficiente e com isso estava preocupado em assumir uma responsabilidade.

Depois de uma hora e meia conversando, ele me convenceu a ajudá-lo dando orientações de um modo que eu não ficando totalmente envolvido no projeto, e que por 3 semanas eu ajudaria a estruturar melhor as ideias, necessidades e os requisitos do futuro sistema. O objetivo era deixar tudo mais "mastigado" e mais fácil para a tomada de decisão e a definição de qual caminho ele deveria ir.

Deveríamos fechar um material que seria conclusivo.

Os primeiros resultados

Essa "consultoria" teria como entrega final algum ou alguns documentos que consolidariam as ideias e necessidades, e com isso a tomada de decisão final poderia dar duas possibilidades; comprar uma solução pronta e existente no mercado, que normalmente na tecnologia chamados de solução de prateleira, ou partir para um desafio novo e solicitar a uma empresa produtora de software que criasse uma solução customizada para a necessidade dele, chamamos esse tipo de solução de "feita sob medida".

A solução de prateleira talvez teria mais ou menos funcionalidades do que ele iria precisar e com isso deveríamos criar um plano que tivesse uma revisão dos processos que ele utilizava na empresa para melhor encaixar com essas mais ou menos funcionalidades. Para o caso de funcionalidades a mais ele precisaria revisitar todos os processos e entender como ele poderia ganhar produtividade ou agilidade no negócio utilizando esse *"Plus"* de funcionalidades que a nova ferramenta teria. Mas para o caso de uma ferramenta que não tivesse todas as funcionalidades que ele precisava, deveríamos ter uma nota de corte dizendo quanto, em percentual, da lista de funcionalidades estávamos dispostos a não ter nesse novo sistema e criar com a fornecedora do software um plano de entrega dessas funcionalidades dentro de uma linha do tempo que fosse aceitável para o desenvolvimento e para o orçamento dele.

Depois lembramos que havia um ponto mais importante para analisar no caso de ter escolhido uma ferramenta que não teria todas as funcionalidades que precisávamos naquele momento, que seria uma métrica de quanto o negócio poderia ter de melhora e o quanto o negócio poderia ter de trabalho extra. Era uma análise difícil de fazer para não cairmos naquele dito popular que diz que a *"emenda ficaria pior que o soneto"*.

Ficou muito claro que precisaríamos mesmo nos dedicar a fundo para olhar não somente a solução, mas também os processos dentro da empresa.

Em todos os casos que discutimos naquele momento, havia uma opinião e um consenso muito forte entre nós, algo que estava bem claro naquele momento para todos. Iriamos buscar todas as possibilidades, mais iriamos resistir e talvez fugir ao máximo da possibilidade de criar uma ferramenta feita em casa, porque sabíamos todos os pontos complexos desse desenvolvimento em casa.

Aqui vale um ponto de atenção que é interessante. Criar uma solução em casa no primeiro momento é algo fantástico, é como comprar uma roupa feita por um alfaiate e sob medida, veste você perfeitamente, porém no futuro se você precisar fazer um pequeno ajuste sempre vai precisar voltar ao mesmo alfaiate ou buscar outro alfaiate que tenha a mesma competência, e o que não e fácil de encontrar, senão o resultado não será nunca o mesmo, ou aquilo que você espera.

O Planejamento

Como parte do planejamento, ou melhor, como parte da técnica que quero mostrar, o planejamento e alinhamento inicial é uma tarefa muito importante, a mais importante de todo o projeto, pois se o planejamento for falho o projeto tem grandes possibilidades de falhar também.

Usando a situação que vivencie como exemplo, a primeira coisa que eu fiz foi sentar-se com meu amigo e explicar as minhas necessidades de ter a dedicação, o comprometimento e muitas informações de algumas pessoas que estariam envolvidas nesse projeto.

Disse a ele que precisava muito falar com todos juntos e alinhar as expectativas, e aqui eu começo a explicar como você, leitor, precisara trabalhar para ter sucesso na sua jornada.

Marque uma reunião com todos, deve ser uma primeira reunião com tempo. Nada de reunião rápida com pessoas em pé ou na frente da máquina de café. Garanta que todos que estarão envolvidos estejam nesta reunião, explique detalhadamente o que você precisa e qual o objetivo que você quer alcançar, explique qual o material que você espera ter pronto ao final de tudo isso. Eu gosto muito de criar um powerpoint com uma boa apresentação, usando uma técnica que é muito funcional, 7x7, ou seja, 7 linhas por slide e no máximo 7 palavras por linha.

Essa técnica força você a encontrar a forma mais objetiva de escrever aquilo que precisa em uma apresentação.

Peça para alguém ser o ponto de contato para tudo que for comunicação e explique ao grupo que fiquem atentos quando receberem algo dessa pessoa.

Utilizem qualquer meio útil e viável de comunicação; se todos decidirem por um grupo em uma ferramenta de comunicação instantânea e corporativa, como Microsoft Teams ou Slack por exemplo criem um canal dedicado a tudo que for desse projeto.

Se você está com um grupo mais "descolado" e ou esse projeto é mais pessoal então use o bom WhatsApp que também pode ser uma saída muito útil e eficaz e para isso crie um grupo e diga quais são as regras para o grupo.

Na sequência para evitar surpresas para o grupo, depois que já existe um canal de comunicação faça um inventario de pessoas, ou seja uma lista de todos que podem e ou devem participar, liste o nível de envolvimento que cada um tem ou terá e principalmente o nível de conhecimento que cada um tem no negócio e na criação da solução.

Deixe bem claro na sua lista quem será o tomador de decisão, todos precisam saber quem terá essa responsabilidade e como irá aprovar. Aqui entramos em uma linha bem delicada, precisa estar claro qual o processo de aprovação e quem estiver com essa responsabilidade precisa ter tempo para olhar o que está sendo aprovado.

Particularmente eu gosto muito da dinâmica quando alguém do grupo, que precisa que eu algo seja aprovado, manda o orçamento, ou seja o documento completo e um pequeno briefing dizendo o que será aprovado, qual a data limite e o valor, assim o responsável consegue se programar melhor. Esse briefing não pode ter mais que três ou quatro linhas.

Com mais essa definição feita o próximo passo será marcar todas as reuniões que precisam ser feitas ao longo do projeto. Tudo bem que será preciso ajustar a data e a hora de algumas delas, mas o importante é ter isso no calendário de todos. Nesse momento fica fácil encontrar coisas como; *esqueci que tenho ferias marcadas bem na semana que o projeto deve entrar em execução*.

Nessa hora o responsável deve entender como fazer, se coloca outra pessoa no projeto, se trabalha em modo espelho ou lado a lado, se negocia a troca das ferias da pessoa (esse **para mim** seria talvez a última das possibilidades, o respeito as férias e ao tempo de descanso é religioso).

Por final você já teve sua primeira reunião inicial, definiu quem são as pessoas envolvidas, definiu a pessoa que é comunicador oficial do projeto, definiu o canal de comunicação oficial do projeto, definiu quem é ou quem são os aprovadores e como será o fluxo de aprovações ou prazo de aprovação de cada etapa e por último já colocou todo planejamento de reuniões no calendário de todos.

Agora só falta decidir onde todos os documentos serão salvos e quais os template que serão utilizados e com isso dar acesso as pessoas envolvidas nesse repositório para garantir que todos sabem onde cada coisas devem ser salva e qual o modo de trabalhar.

Com tudo isso você pode ir para o próximo passo e começar a organizar tudo, talvez seja a hora da primeira comemoração e da primeira comunicação informando a todos do início do projeto.

Foi exatamente isso o que fizemos na empresa desse amigo, enviamos um e-mail a todos comunicando do início do projeto, contando a todos quem estaria no projeto e dando uma ideia das datas de nossas reuniões. Contamos também que haveria uma comunicação semanal dando um feedback de como estaria o andamento do projeto.

Por final comunicamos qual seriam a entregas que marcariam a conclusão e a data final daquela etapa do projeto e deixamos todos muito à vontade para questionar caso tenham ficado com alguma dúvida.

Arregaçando as mangas

Planejamos e focamos por uma semana, falando em reuniões gravadas com todos da empresa que estavam envolvidos nessa ideia e que tinham muito conhecimento dos requisitos de negócio.

Depois de uma semana de muito falar e reunir com todos envolvidos ficou muito claro o que precisávamos e do que não precisávamos. Estava mais fácil seguir em frente com tanta informação. Criamos uma lista, classificada, de todas as necessidades elencando o que era mandatório, importante, menos importante e o que poderia ser um recurso legal se tivéssemos, até uma aba dizendo o que não queríamos deixamos registrado.

Ainda assim eu, com a minha experiencia em projetos e desenvolvimento de sistemas, achava que faltava uma virgula em algum lugar, e que essa virgula daria mais contexto na frase final. Foi então que logo no início da segunda semana decidi começar a montar uma lista de perguntas que deveriam ser respondidas por todos que estavam envolvidos e foi aí que comecei a ver a virgula que faltava e perceber que talvez dessa forma o documento final tivesse ficasse com mais sentido.

Havíamos fechado à definição de uma solução e muito mais que isso, havia também uma definição muito mais nítida dos objetivos finais da solução.

O documento final realmente, tinha mais sentido, pois eu havia consolidado as necessidades em perguntas e respostas. Faltava garantir que eu não tinha esquecido nada.

Entendemos também, depois de todo aquele trabalho, que havia lacunas nos processos da empresa e que era importante chegar a um momento em que haveria uma revisão desses processos "falhos".

A Primeira Prova

Peguei aquele material e fui até uma das áreas que utilizaria a nova solução, peguei pessoas novas de empresa e pessoas que tinham certo tempo e um conhecimento razoável do negócio, mas que não estavam participando do projeto, mostrei tudo que eu tinha de documentação para elas.

Sentamos e lemos pergunta por pergunta e analisamos as respostas. Foram mais ou menos 2 horas dedicadas a isso. Percebi que eu acabava de criar uma rotina que tinha dado a essas pessoas uma sensação de pertencimento muito mais, mesmo não estando no projeto oficialmente elas se sentiam parte dele.

Pronto! Eu tinha conseguido que todos entendessem onde precisávamos chegar e quais seriam nossos objetivos.

E aqui eu vou contar mais uma pequena dica, para engajar todas as pessoas eu acho que fiquei quase que socio da padaria que havia na região, pois era comum eu convidar algumas pessoas para um bate papo e dizer que iria apresentar um material legal para elas e que poderíamos aproveitar e tomar um café e comer alguns doces fantásticos, que ao final teríamos um melhor entendimento do processo e do projeto e nos conheceríamos mais.

Sugiro que você tente isso, é sempre muito legal e da super certo, mas fica uma dica. Não tente degustar todos os doces ou pães em todas as reuniões, senão você vai precisar fazer uma visita ao seu médico ou nutricionista para eliminar os quilos que vai encontrar até o final do projeto.

Um erro que não queríamos cometer novamente

Uma das coisas que ainda não comentei sobre o projeto que ajudei a criarem, é que havia um orçamento muito reduzido e a experiencia anterior era que um projeto feito em casa custava caro e nem sempre saia do papel.

Quando houve a implementação do software de gestão na empresa, a experiencia que ficou foi ruim. O produto foi implantando por um consultor que tentou fazer a empresa seguir o produto sem nenhuma customização. Isso gerou um problema nos fluxos e processos que quase colocaram a empresa em uma situação de risco financeiro. Depois veio outro consultor que tentou adaptar tudo e criou customizações para tudo, em um primeiro momento todos adoraram o resultado, porém aquilo criou um monstrinho difícil de adestrar.

Todos descobriram que sempre havia a possibilidade de customizar o software e com isso ninguém repensava o processo, não importante se ele estava certo ou errado. Simplesmente decidia que deveria ter uma adaptação.

Começou um processo de não se pedir pela informação, mas sim pelo layout. Já não se procurava um relatório existente, criava um novo.

O grande problema de implementações assim é que chega em um determinado momento que você fica limitado quando precisa evoluir o software para uma nova versão, pois essa nova versão terá recursos que podem conflitar com as customizações. Isso trava a empresa na versão do programa e impede de fazer as implementações legais, aquelas que são obrigatórias ou por mudanças de leis ou definições governamentais que fazem certas exigências.

Como eu costumo dizer é nesse momento que o caldo fica grosso e solucionar o problema talvez seja mais caro do que se pensa.

Eles tiveram que revisar o software todo em um processo que era quase uma implantação nova, manter as customizações que faziam sentido, remover aquelas que estavam atrapalhando e com isso também revisitar os processos dentro da empresa para entender como deveria acontecer o fluxo de forma correta e saudável, pensando no futuro.

O valor gasto com cada etapa que eu descrevo acima foi grande e traumático. Quando chegamos a um consenso de que desenvolveríamos algo em casa eu lembro de ver meu amigo com ar de espanto, algo como vou reviver um passado que eu não quero nem mesmo em pesadelo viver ele novamente.

Nesse caso o meu primeiro desafio foi garantir que havia informação suficiente para que um orçamento fosse feito e que não houvesse espaço para mudanças no projeto durante o desenvolvimento, que não surgissem, ou talvez se surgissem fossem mínimas dúvidas ou alterações nos processos do negócio.

Soluções de Mercado

E agora tínhamos as informações que antes julgávamos não ter. Agora era a hora de olhamos para as soluções de mercado, planilhar o que elas ofereciam e olhar os nossos requisitos.

Acho que foi a parte mais interessante até esse momento do projeto, pois todos estavam empolgados com o resultado que iriamos encontrar. Eu lembro que, mesmo não queremos, havíamos colocado uma aba que listava pontos do que precisaríamos se acaso houvesse a possibilidade de fazer o sistema em casa ou sob medida. Era realmente algo que estava lá para não ser utilizado.

Marcamos uma reunião, colocamos todos juntos, perguntamos se todos estavam contentes com o material que havíamos compilado das nossas necessidades e das propostas que havíamos recebido. Incrível, mas todos concordavam que havíamos criado uma documentação de processos internos, fluxos e até mesmo descoberto coisas que estavam ainda "embaixo do tapete" e que o projeto já tinha trazido para todos um ganho significativo de conhecimento e de ajuste de processos da empresa, com isso começamos a analisar os materiais.

Era interessante, pois a cada análise que fazíamos e conciliávamos ficava mais claro o que iria ser o nosso futuro quanto a solução. Foi neste instante que chegamos a uma conclusão de que deveríamos partir para um desenvolvimento de uma solução em casa e feita sob medida para a nossa necessidade.

Como essa reunião foi logo no final do dia, estávamos todos muito cansados e talvez, pensamos que estaríamos indo por um caminho errado. Todos se olhavam e não entendiam o que estava acontecendo.

O próximo passo foi eu parar tudo e dizer que amanhã olharíamos novamente, talvez estivéssemos sendo tendenciosos. No outro dia começamos a analisar novamente os materiais, revisamos os percentuais que havíamos dados para cada coisas, as notas de corte e concluímos que não havia nada errado, *era o que era!*

Naquele momento era a decisão que menos nos agradava, mas era a mais correta e sensata e todos estavam completamente de acordo, esse momento foi incrível, pois passamos de uma opinião única de *"não vamos desenvolver nada em casa em hipótese alguma"* para o *"desenvolvimento desse modo será a nossa melhor solução"*.

Eu lembro de ter olhado para meu amigo e dizer que precisamos de mais algum tempo para digerir. Fomos almoçar e durante o almoço tentamos falar de tudo que era possível, e tentamos não entrar no tema do projeto. Logico que não foi possível, pois queríamos entender tudo e ao final do almoço estávamos de acordo de que precisaríamos partir para o desenvolvimento.

Foi neste momento que nos lembramos que eu nas próximas semanas estaria ausente em viagem a outro país fazendo minha integração na nova empresa, eu estava indo para um desafio imenso com equipes em 3 países e uma estrutura de tecnologia muito complexa para fazer gestão, eram mais de 70 profissionais sob minha responsabilidade. Por mais que eu tivesse e tenha até hoje um carinho imenso por esse amigo seria impossível tentar dedicar meu tempo a esse projeto dele.

Parei e pensei um pouco e comecei a montar a lista de definições técnicas da solução usando somente a lista de perguntas e respostas que eu tinha em mãos.

O material final ficou muito interessante e era fácil de qualquer pessoa da empresa ler e alterar, pois estava em uma linguagem de alto nível do ponto de vista do negócio, mas ao mesmo tempo deixava muito claro tudo que era necessário para quem era do mundo da tecnologia e do desenvolvimento de aplicações.

O próximo passo foi pegarmos o material que havíamos concluído e usar esse material para procurar e apresentar a uma empresa produtora de software, depois pedir uma cotação para criarem uma solução baseada naqueles documentos.

Para vocês terem uma ideia o documento tinha um ar, uma aparência que lembrava uma RFP (*Request for Proposal*). Para os profissionais de tecnologia que trabalham com isso esse termo é familiar. Mas ao mesmo tempo tinha algum toque ou aparência de uma lista de desejos.

A empresa que pegou o projeto para fazer adorou o modo como foi feito o documento e disse que conseguiria atender tudo que estava listado e que conseguiriam seguir os prazos que havíamos colocado.

Em um determinado momento pediram autorização para utilizarem a mesma lista de perguntas e modo que compilamos os dados para eles trabalharem com alguns clientes que tinham menos contato com a tecnologia.

O final da história você pode imaginar, conseguimos implementar uma solução dentro de um prazo muito apertado e o resultado ficou incrível.

O conceito

Vamos agora falar um pouco de conceito para dar contexto a alguns pontos importantes de tudo que foi contato até esse momento do livro.

Como eu disse no começo desse material eu não quero criar uma metodologia, mas sim dar conhecimento para quem tem a ideia traduzir ela em uma linguagem e depois encaixar em uma metodologia de desenvolvimento e chegar a uma solução viável.

A ideia e ou necessidade de criar aplicações para o ambiente computacional, sejam elas aplicações para desktop, mobile ou web, vem acompanhada de uma série de conceitos, teorias inovadoras e complexas que tornam proibido aos simples usuários tentar evoluir da ideia a concepção e implementação. Ao longo do tempo esses conceitos e metodologias tem ficado mais fáceis para os profissionais experientes da área de tecnologia e mais difíceis para os usuários comuns.

Algumas vezes o simples fato de um profissional responsável pelo negócio da empresa ter que entender de aplicações e metodologias já é o primeiro passo para ele desistir de pensar nessa "tal aplicação", que muitas vezes pode ser um divisor de águas dentro do negócio e perante os concorrentes.

Por outro lado, há profissionais que ignoram todas essas informações importantes e passam a buscar uma forma de resolver o problema sem as devidas precauções e acabam por criar um problema muito maior dentro da empresa, ou porque a solução final não está adequada ou porque o orçamento é exaurido em pouco tempo e nada é entregue.

No princípio dos tempos da computação, desenhar e criar uma aplicação para ser executada, ou mais popularmente como dizemos, "rodar" em um computador, seja de grande ou pequeno porte era uma tarefa para uma equipe considerável de pessoas, onde cada um tinha uma função muito específica e isso desencadeava uma sequência de fases bem detalhadas, cheias de teorias e muito complexas, tudo deveria ser visto e entendido como algo que estaria sendo uma evolução que deveria facilitar o dia a dia da empresa.

Figura 1 - Computador de Grande Porte IBM

Havia dezenas de documentos que começavam desde simples documentos de requisitos de negócio e técnicos a fluxos de aplicações bem elaborados.

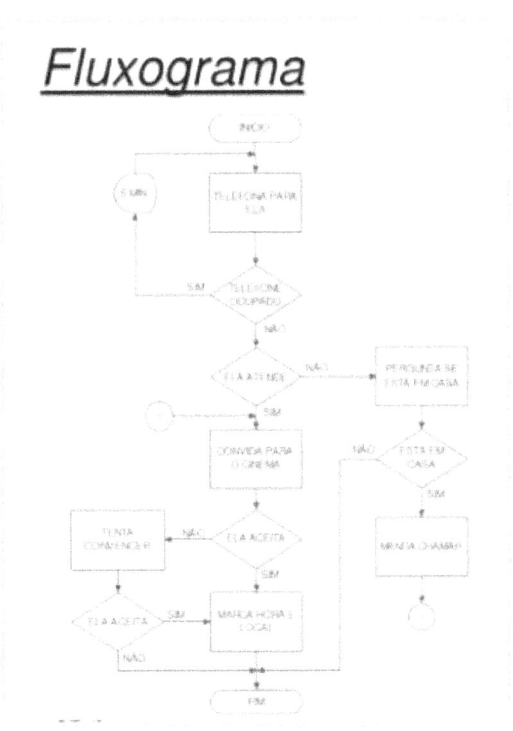

Figura 2 - Fluxograma de execução de um programa

A ideia principal era trazer muita eficiência e como princípio base teríamos uma aplicação de missão crítica para o departamento de aplicações e operações responsável pela administração do computador de grande porte administrar.

E tudo começava com uma dezena de analistas de sistemas, especialistas em negócios, administradores de banco de dados e outro tanto de especialistas buscando todas as especificações técnicas para poderem juntar as informações e com isso "desenhar" o que seria a aplicação em dezenas ou até centenas de folhas de papel quadriculados para somente depois os programadores começarem a escrever dezenas de milhares de linhas de código e transformar tudo aqui em uma solução.

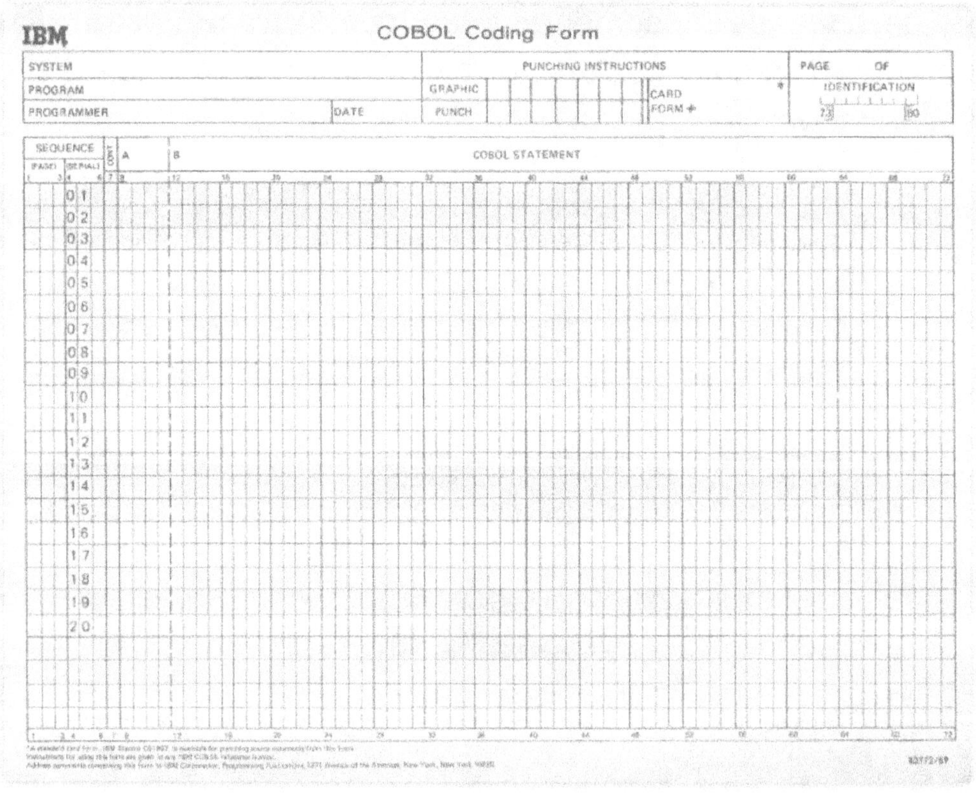

Figura 3 – Folha Quadriculada para desenho de tela de programa de computador

Como sempre há uma explicação, vou pedir alguns instantes e contar um pouco desse conceito das folhas quadriculadas. No princípio os computadores de grande e pequeno porte eram todos baseados em telas texto, ou tela de fosforo verde, ou seja, nada era gráfico e havia 80 colunas e 25 linhas, resumindo havia 80 caracteres de largura por 25 caracteres de comprimento e a melhor forma de colocar tudo isso em uma tela corretamente era utilizando folhas quadriculadas, pois caso contrário corríamos o risco de colocar dados maiores do que a tela suportaria e geraria um problema impedindo o programa de ser executado. O mesmo acontecia com os relatórios que eram impressos nas impressoras matriciais que poderiam imprimir em formulários de 80 colunas ou 132 colunas.

Figura 4 - Tela Antiga de computador fundo preto e letras em verde

Esse conceito, que mais parecia um filme de terror mudou quando surgiram as primeiras versões dos sistemas operacionais da Microsoft e IBM que permitiam telas gráficas com 1024x800 pixels, fontes de caracteres diferentes e principalmente quando esses sistemas começaram a estar nos computadores pessoas e mais abundantes nos ambientes corporativos.

Logo depois chegaram as impressoras laser e jatos de tinta que também permitiam a impressão de relatórios gráficos e coloridos.

Muitas vezes era quase que impossível, quando estávamos usando telas textos, encaixar todas as informações que precisavam ser mostradas, adicionas e alteradas na tela do usuário.

Por isso nesse material tudo que falaremos é sobre a criação de uma aplicação de forma genérica, vou sempre me referir a aplicação para todo tipo de programa de computador que pode estar no mundo web, desktop, mobile, IoT ou consoles especificas, então sempre que eu falar aplicação leve a ideia para a sua necessidade e realidade. Pense em qualquer programa que você tem em seu celular ou em seu computador, ou até mesmo no site do banco que você utiliza como exemplo de uma aplicação.

Desta forma não ficaremos presos a dispositivos e suas características técnicas e ou limitações, mas sim a criação e elaboração de aplicações que tem sempre por objetivo serem robustas e performáticas.

Ficaria mais fácil?

Algumas mudanças de paradigmas aconteceram durante esses últimos anos, principalmente quando entramos no conceito de aplicações feitas para o ambiente web. Começou a haver dúvidas quanto as aplicações serem nativas para aplicativos mobile ou aplicações web responsivas e adaptáveis.

Como parte de uma evolução natural os computadores e dispositivos moveis evoluíram absurdamente rápido, passaram a ter um poder de processamento muito grande e novas linguagens de programação, que são utilizadas para criar as aplicações, surgiram como um bando de pássaros chegando.

Literalmente passamos de um simples punhado de possíveis linguagens para mais de 50 em um espaço muito curto de tempo, hoje tenho certeza de que chegamos fácil a uma listagem com mais de 100 linguagens para os mais diferentes fins corporativos e pessoais.

Um conjunto de conceitos novos surgiram onde o programa de computador foi dividido em camadas, passamos a ter o Frontend ou aquilo que o usuário vê e interage, o Backend que é onde os cálculos e execuções acontecem, mas que o usuário que interage com o programa não tem acesso e não consegue visualizar a execução, as vezes somente o resultado. No final do dia ele passa a ter acesso ao relatório que é o resultado daquilo que ele podia ver e daquilo que ele não tinha nenhuma visualização.

Vou abrir um espaço, ou melhor um parêntese e falar um pouco sobre o parágrafo acima. Uma aplicação nativa é quando um software é feito exclusivamente para aquele dispositivo, como por exemplo o aplicativo do celular que é utilizado para tirar fotos, é um aplicativo nativo e uma aplicação web responsiva é aquele site ou aplicação que você abre e ele chama uma página web que se adapta a tela do dispositivo e que dá a impressão de que você está em um aplicativo, mas quando na verdade você está navegando em um site da web. Mas no final das contas as duas coisas têm a mesma aparência e as vezes acaba ocorrendo uma mistura que não conseguimos identificar o que é nativo e o que é adaptado.

A cada momento uma nova discussão aparecia e um guru tecnológico vinha com teorias revolucionais, o mercado ia aos poucos se adaptando e cada empresa ou tipo de negócio utilizava a "teoria" que mais se adaptava a sua necessidade e que mais fazia sentido. Começamos a separar o que se falava do que era útil para a "minha realidade".

Os analistas e desenvolvedores começaram a se preocupar muito mais com a metodologia de desenvolvimento do que com as teorias de como criar uma aplicação.

Funções novas se criaram no mercado e houve uma junção de equipes de marketing com tecnologia, começaram a olhar também a usabilidade daquilo que era criado e veio um novo conceito que analisava a experiencia do usuário

O usuário final, aquele que realmente usava a solução, que no passado era tido como mero figurante nessa peça de teatro do uso da aplicação passou a ter uma importância muito maior, e aliás com todo direito e razão.

Lembremos que no passado o usuário era obrigado a utilizar aquilo que era criado e deveria agradecer aos Deuses da informática por terem criado "aquilo" que estaria teoricamente facilitando a vida dele, mas que nem sempre era uma verdade absoluta. Eu vi soluções que transformavam a vida do usuário em um verdadeiro caos porque não haviam sido pensadas corretamente quanto a fluxo de dados e usabilidade.

Em resumo o usuário passou a ser uma das partes mais importantes dessa equação. Sendo que antes o usuário era um simples e mero utilizador, toda a equipe de tecnologia desenvolvia algo que iria "facilitar" a vida do profissional e da empresa. Com um apelo de queremos que você tenha mais qualidade de vida, mas quando na verdade o pano de fundo era, queremos otimizar ao máximo tudo isso e no futuro talvez não precisemos de você e poderemos afirmar que somos produtivos e fazemos mais com menos.

Talvez a palavra que descreva melhor e traga o real sentido desse novo momento seja, "ficaram agnósticos" quanto a teorias e muito mais "devotos" das metodologias.

As metodologias

As metodologias definitivamente chegaram para ficar, apesar do objetivo desse material não ser o de defender ou criticar qualquer que seja a metodologia utilizada e muito menos trazer uma nova metodologia. Eu posso afirmar que tenho respeito por todas as metodologias, acho que cada uma tem um encaixe perfeito para uma determinada situação.

Tenho a opinião que muitas vezes as empresas podem ter uma metodologia como linha geral e padrão para conduzir os desenvolvimentos e buscar pequenas partes boas de outras metodologias e de forma muito responsável trazer para dentro do seu processo, criando pequenas adaptações, mas tendo o cuidado de não criar algo confuso e que seja difícil de evoluir.

É importante falar um pouco mais sobre o conceito de metodologias, para que você entenda do que estamos falando e qual o objetivo delas.

As metodologias ágeis são abordagens de desenvolvimento de software que enfatizam a flexibilidade, a colaboração e a entrega incremental. Elas são projetadas para lidar com a natureza complexa e em constante mudança dos projetos de software, permitindo que equipes respondam rapidamente às mudanças nos requisitos e no ambiente de desenvolvimento. Aqui estão algumas das metodologias ágeis mais comuns:

1. Scrum:

O Scrum é uma das metodologias ágeis mais populares. Ele organiza o trabalho em ciclos iterativos chamados de "sprints", que geralmente duram de duas a quatro semanas.

Durante cada sprint, a equipe se concentra em um conjunto prioritário de funcionalidades, trabalhando para entregá-las até o final do sprint.

O Scrum também enfatiza a colaboração e a transparência, com reuniões regulares, como reuniões diárias (daily scrum), reuniões de planejamento de sprint e revisões de sprint.

2. Extreme Programming (XP):

O Extreme Programming é uma abordagem que enfatiza práticas de engenharia de software, como desenvolvimento orientado a testes (TDD), programação em pares, integração contínua e design simples.

Ele promove uma abordagem pragmática para o desenvolvimento, com foco na entrega de software de alta qualidade em curtos períodos.

XP encoraja uma comunicação aberta e frequente entre os membros da equipe e os clientes.

3. Kanban:

Kanban é uma metodologia que se concentra na visualização do fluxo de trabalho e na limitação do trabalho em progresso (WIP).

As equipes que seguem o Kanban usam um quadro Kanban para visualizar todas as tarefas em andamento, desde o backlog até a conclusão.

Ao limitar o WIP, o Kanban ajuda a identificar gargalos e a manter um fluxo de trabalho mais previsível.

4. Lean Software Development:

Baseado nos princípios do Lean Manufacturing, o Lean Software Development busca eliminar desperdícios e maximizar o valor entregue ao cliente.

Ele enfatiza o desenvolvimento incremental, a entrega rápida e a melhoria contínua do processo.

O Lean Software Development valoriza a colaboração próxima entre equipes de desenvolvimento e stakeholders.

5. Crystal:

Crystal é uma família de metodologias ágeis que se adapta às necessidades específicas de cada projeto.

Ela reconhece que não existe uma abordagem única que funcione para todos os projetos e promove a flexibilidade e a adaptação.

As metodologias Crystal enfatizam a comunicação eficaz, a simplicidade e a entrega frequente de software.

6. Waterfall:

A metodologia Waterfall, também conhecida como cascata, é um modelo sequencial de desenvolvimento de software que segue uma abordagem linear e preditiva. Neste modelo, o processo de desenvolvimento é dividido em fases bem definidas, com cada fase dependendo do término da anterior.

Essas são apenas algumas das metodologias ágeis mais comuns, e muitas equipes adaptam e combinam diferentes práticas para atender às suas necessidades específicas. O objetivo principal de todas essas abordagens é promover uma cultura de colaboração, entrega rápida e adaptação contínua às mudanças.

Quando estou escrevendo esse material, confesso que estou muito tendencioso a sempre sugerir e utilizar metodologias ágeis, como o Agile com Scrum e usando o kanban para controlar as tarefas, pois em todos os projetos que eu presenciei essa metodologia em ação ela passou nos testes com louvor e se mostrou muito eficiente. Sem contar que também tem uma aceitação muito grande junto aos profissionais que desenvolvem aplicações, isso significa que sua interação com eles vai ficar mais fácil e o controle da evolução do desenvolvimento também.

Já trabalhei com equipes grandes e pequenas utilizando outras metodologias como ShapeUP, PMI e outras. Cada uma teve uma lista de pontos positivos e negativos, mas também cada uma tinha uma adaptação ou aderência maior ou menor as necessidades da empresa ou do projeto que estávamos trabalhando.

A ideia é trazer um conceito que apoie a criação de uma aplicação e de mais material para a metodologia escolhida ser mais eficiente.

Pensar em desenvolver uma aplicação sem escolher uma metodologia de desenvolvimento é assinar um contrato com o fracasso, mesmo eu defendendo que a concepção e criação de uma aplicação passou a ser um processo muito menos complexo para poucos, a tarefa do desenvolvimento continua e continuará a ser uma situação complexa e que não deve ser subestimada.

Olhar para o processo de desenvolvimento de uma aplicação com simplicidade é um início errado e talvez a sua maturidade quanto ao conhecimento da tecnologia tenha que evoluir mais para alcançar o sucesso.

Ferramentas de apoio

Existe uma ampla gama de possíveis ferramentas que podem ser de grande valor como apoio da gestão durante o processo de criação e o ciclo de vida da solução.

Novamente não tenho intenção de falar de alguma ferramenta em especial ou até mesmo de fazer merchandising de produtos do mercado.

A ideia aqui é trazer nomes e breves descrições de algumas das mais populares soluções e deste modo facilitar a jornada e talvez ajudar a tirar algumas ou muitas pedras do caminho, mas também mostrar o caminho das pedras. Existem soluções que encaixam em todos os orçamentos e bolsos, sendo dos produtos mais simples e gratuitos a produtos bem completos e complexos que custam alguns montantes significativos.

Gestão de projetos e de tarefas

Para a gestão de projetos e das tarefas, ou cards como chamamos na metodologia Agile, aconselho algumas abordagens bem interessantes.

Vou citar 5 possibilidades de ferramentas que funcionam adequadamente;

1. **KANBANIZE**, é um gestor de tarefas bem interessante e com integração a inúmeros outros produtos.
2. **ASANA**, também é um gestor de tarefas que tem versão gratuita para gestão de algumas tarefas e sinceramente tem poucas restrições.
3. **TRELLO**, talvez o mais conhecido de todos e com isso mais popular entre os desenvolvedores. Há uma versão gratuita, mas com limitações.
4. **NOTIONS,** tem uma solução muito boa para mostrar quadro de tarefas e todo um arcabouço de soluções de documentação.
5. **EXCEL,** pode ser uma boa saída se você não quiser gastar dinheiro e não tiver experiencia com as ferramentas acima. Há template para gestão de projetos ou gestão de tarefas no modo Kanban.

Todos os produtos que citei, com exceção do Excel (que é uma planilha de dados fantástica), são ótimas ferramentas de produtividade e podem ser muito boas para gerir as tarefas, associar as pessoas que irão estar responsáveis pela solução de cada pedaço, ajudam a emitir relatórios com dados detalhados da produtividade. Cada um pode oferecer mais ou menos recursos nas versões gratuitas ou versões básicas. É muito interessante olhar cada uma e avaliar as suas necessidades versus aquilo que é oferecido.

Contudo eu sempre gosto de começar de modo mais simples, acho que colocar todas as tarefas em um Excel e ir organizando de forma estruturada, entendendo quais fases devem-se ter até a funcionalidade estar prontas 100%.

Se você utilizar um Excel para começar e estruturar bem e deixar tudo organizado vai ficar muito mais fácil de identificar qual ferramenta você pode precisar e quais funcionalidades que ela irá oferecer farão mais sentido para sua gestão. Isso ajuda a investir melhor o dinheiro e tempo que serão gastos. Pense nessa abordagem também.

Estou colocando aqui a imagem de um modelo do Excel utilizado para gestão de projetos e tarefas, particularmente acho esse modelo bom, mas prefiro a visualização em modo Kanban.

Se você quiser pesquisar mais sobre Kanban, de uma pesquisada no Google, tenho certeza que achara interessante o que irá encontrar.

ATIVIDADE	INÍCIO DO PLANO	DURAÇÃO DO PLANO	INÍCIO REAL	DURAÇÃO REAL	PORCENTAGEM CONCLUÍDA
Atividade 01	1	5	1	4	25%
Atividade 02	1	6	1	6	100%
Atividade 03	2	4	2	5	35%
Atividade 04	4	8	4	6	10%
Atividade 05	4	2	4	8	85%
Atividade 06	4	3	4	6	85%

Figura 5 - Modelo do Excel para Gestão de Projetos

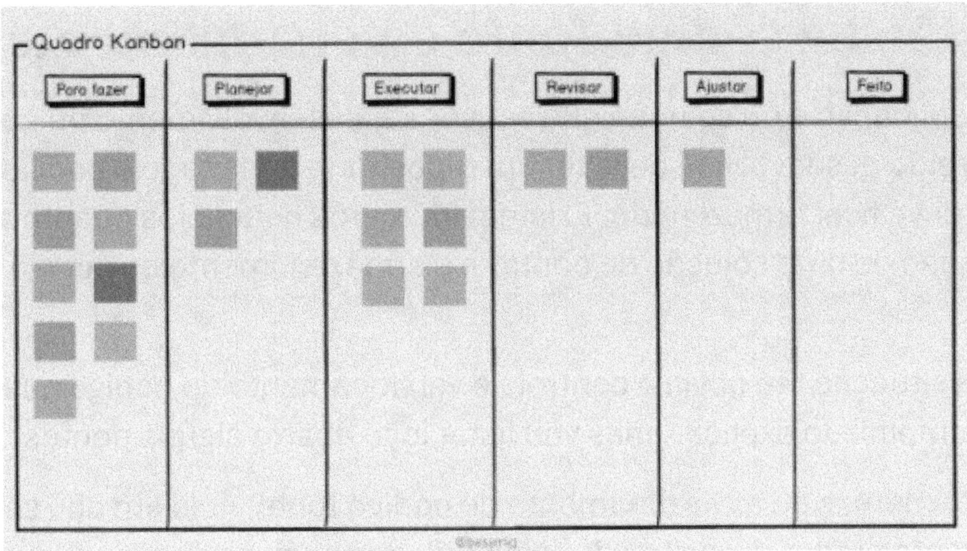

Figura 6 - Exemplo de quadro kanban

Como você pode ver o kanban tem uma visualização interessante e vai mostrando as fases que a tarefa ou tarefas se encontram, é uma visão fácil de identificar onde você precisa colocar mais esforço.

O modelo do Excel que coloquei é mais próximo da visualização padrão para projetos que antigamente seguiam a metodologia do PMI.

Hoje a maioria das ferramentas de gestão de projetos ou tarefas utiliza essa visualização e pode ajudar a personalizar colocando fases intermediarias que façam sentido para a gestão do seu projeto.

Gestão de código fonte e versionamento

Toda aplicação e ou solução que estiver em desenvolvimento ou que tenha sido desenvolvida deve ter um repositório onde todo o código fonte deve ficar armazenado. Existem inúmeros benefícios quanto a utilização de uma solução de controle e armazenamento de código fonte.

É uma situação tão obvia o controle e versionamento do código que fica complicado explicar, mas vou listar logo abaixo alguns pontos.

As ferramentas de armazenamento de código fonte, hoje em dia, são realmente produtos que tem funcionalidades bem avançadas. Vou elencar algumas características e benefícios que essas ferramentas trazem.

- Código fonte em local único, seguro e com backup.
- Controle de acesso ao código
- Versionamento do código fonte e com isso melhor controle
- Controle das alterações que irão para produção e que estão em teste
- Documentação das alterações que estão sendo feitas no código.
- Em alguns casos análise do código fonte, utilizando inteligência artificial, para buscar vulnerabilidades e ou erros de código que podem danificar a solução final.

Essas são as características básicas que as ferramentas apresentam hoje no mercado, eu poderia listar uma dezena a mais de funcionalidades, mas esse não é o objetivo.

Como ferramenta de controle de código posso listar as mais populares sendo que hoje eu recomendaria, para um projeto inicial, o uso do GitHub, porém além do GitHub, existem várias outras plataformas populares para armazenamento de código-fonte, colaboração e gerenciamento de projetos. Aqui estão algumas das mais conhecidas:

GitLab: Similar ao GitHub, o GitLab oferece serviços de hospedagem de repositórios Git, mas também inclui recursos adicionais, como integração contínua, controle de acesso avançado e gerenciamento de ciclo de vida do aplicativo.

Bitbucket: Desenvolvido pela Atlassian, o Bitbucket oferece hospedagem de repositórios Git e Mercurial. Ele é conhecido por sua integração com outras ferramentas da Atlassian, como Jira e Confluence, tornando-o uma escolha popular para equipes que já utilizam essas ferramentas.

Microsoft Azure DevOps (anteriormente Visual Studio Team Services): Esta plataforma oferece um conjunto abrangente de ferramentas para colaboração de desenvolvimento de software, incluindo hospedagem de repositórios Git, gerenciamento de projetos, rastreamento de problemas, integração contínua e implantação contínua.

SourceForge: Uma das plataformas mais antigas para hospedagem de código-fonte e gerenciamento de projetos de software de código aberto. Embora tenha perdido parte de sua popularidade para outras plataformas, ainda é amplamente utilizado, especialmente para projetos de software livre e de código aberto.

AWS CodeCommit: Parte da suíte de serviços da Amazon Web Services (AWS), o AWS CodeCommit oferece hospedagem de repositórios Git totalmente gerenciados na infraestrutura da AWS.

GitKraken: Embora não seja uma plataforma de hospedagem de código-fonte como as mencionadas acima, o GitKraken é um cliente Git popular que oferece uma interface gráfica intuitiva e recursos avançados de colaboração, como integração com várias plataformas de hospedagem de repositórios.

Essas são apenas algumas das opções disponíveis, e a escolha da plataforma dependerá das necessidades específicas da equipe, das preferências de integração com outras ferramentas e do modelo de desenvolvimento adotado.

Desenho de diagramas e fluxos

Em algum momento do desenvolvimento de uma aplicação ou solução será necessário desenhar um fluxo de dados. Muitas vezes utilizamos o fluxo de dados para determinar como irá acontecer o processo dentro da aplicação e para isso algumas ferramentas podem ser de grande ajuda na criação dos fluxos.

Normalmente utilizo o Miro que é uma solução excelente e que tem uma versão gratuita muito boa, além do Miro, que é uma ferramenta popular para criação de fluxos de dados e colaboração visual, existem outras opções amplamente utilizadas. Aqui estão algumas das mais conhecidas:

Lucidchart: O Lucidchart é uma plataforma de diagramação online que permite criar uma ampla variedade de diagramas, incluindo fluxos de dados, fluxogramas, diagramas de rede e muito mais. Ele oferece uma interface intuitiva e recursos avançados de colaboração em tempo real.

Draw.io (agora integrado ao Diagrams.net): O Draw.io, agora conhecido como Diagrams.net, é uma ferramenta gratuita e de código aberto para criação de diagramas. Ele oferece uma ampla variedade de modelos e elementos gráficos para criar fluxos de dados e outros tipos de diagramas facilmente.

Microsoft Visio: O Microsoft Visio é uma ferramenta popular para criação de diagramas e fluxos de dados. Ele oferece uma ampla variedade de formas, modelos e ferramentas de formatação para criar diagramas profissionais.

Google Drawings: Parte do Google Workspace (anteriormente G Suíte), o Google Drawings é uma ferramenta de diagramação simples e intuitiva que permite criar fluxos de dados e outros tipos de diagramas diretamente no navegador. Ele oferece recursos básicos de diagramação e é integrado com outros aplicativos do Google, como Google Docs e Google Sheets.

Whimsical: O Whimsical é uma ferramenta de diagramação colaborativa que oferece uma variedade de modelos e elementos gráficos para criar fluxos de dados, wireframes, mapas mentais e muito mais. Ele é conhecido por sua interface moderna e recursos de colaboração em tempo real.

MindMeister: Embora seja mais conhecido por seus recursos de mapeamento mental, o MindMeister também pode ser usado para criar fluxos de dados e outros tipos de diagramas. Ele oferece uma interface intuitiva e recursos de colaboração em tempo real.

Essas são apenas algumas das opções disponíveis para criação de fluxos de dados e outros tipos de diagramas. A escolha da ferramenta dependerá das necessidades específicas do projeto, das preferências de interface e dos recursos desejados de colaboração.

Gestão de Documentação e Colaboração

Por último, mas talvez a mais importante de todos, entramos na linha da documentação de todo o projeto. Particularmente eu diria que essa é a funcionalidade que mais deve ter funções e se possível a pessoa que irá cuidar desse item deve ser muito organizada.

A gestão de toda documentação é um fator de influência ímpar na montagem de um projeto, principalmente quando falamos no futuro do projeto.

Um projeto com um nível de documentação elevado é de fácil manutenção, evolução e até mesmo a correção de percurso quando algo não é bem definido no início e precisa ser ajustado.

Acompanhei em minha carreira inúmeros projetos, em alguns casos projetos simples e que seriam de fácil desenvolvimento se tornaram verdadeiros monstros por terem uma documentação faltante ou mal estruturada. Mas também presenciei projetos que eram enormes com mais de uma centena de profissionais envolvidos ser executado com muita maestria, pois havia uma sequência muito rica de documentações quanto as definições e processos que estavam acompanhando a criação da solução.

Particularmente gosto muito de duas soluções de mercado, o Notion e o Confluence. São dois extremos talvez, pois um oferece um plano gratuito e é muito fácil de usar o outro é muito grande e robusto e com valor mais apimentado. Posso afirmar que são duas soluções maravilhosas, abaixo você pode ver uma lista que compilei com alguns sites e soluções para documentação e colaboração.

Além do Notion, que é uma ferramenta bastante popular para gerenciamento de documentação e colaboração, existem várias outras opções amplamente utilizadas. Aqui estão algumas das mais conhecidas:

Notion: O Notion é uma plataforma tudo-em-um para notas, documentos, listas de tarefas, wikis e projetos. Ele oferece uma interface flexível e altamente personalizável, permitindo que os usuários organizem e compartilhem informações de maneira eficiente. O Notion é conhecido por sua capacidade de adaptar-se a uma ampla variedade de casos de uso, desde notas pessoais até gerenciamento de projetos empresariais.

Confluence: Desenvolvido pela Atlassian, o Confluence é uma plataforma de colaboração que permite criar, organizar e compartilhar documentos, páginas wiki, especificações de projetos e outras formas de documentação. Ele também se integra facilmente com outras ferramentas da Atlassian, como Jira e Bitbucket.

Google Docs: Parte do Google Workspace (anteriormente G Suíte), o Google Docs é uma suíte de aplicativos de produtividade baseada na nuvem que inclui processador de texto, planilhas e apresentações. Ele permite a colaboração em tempo real e o compartilhamento de documentos entre usuários.

Microsoft SharePoint: O SharePoint é uma plataforma da Microsoft para colaboração e gerenciamento de conteúdo empresarial. Ele oferece recursos abrangentes para criar, armazenar e compartilhar documentos, páginas wiki, listas e bibliotecas de documentos.

Dropbox Paper: O Dropbox Paper é uma ferramenta de colaboração que permite criar, editar e compartilhar documentos de forma colaborativa. Ele oferece recursos como comentários em tempo real, integração com o Dropbox e facilidade de compartilhamento.

Quip: Adquirido pelo Salesforce, o Quip é uma plataforma de produtividade que combina documentos, planilhas e bate-papo em uma única interface. Ele é projetado para facilitar a colaboração em equipes, com recursos como comentários em linha, atribuição de tarefas e integração com outras ferramentas de negócios.

Slite: O Slite é uma ferramenta de documentação e colaboração que permite criar e organizar documentos em equipes. Ele oferece recursos como edição colaborativa em tempo real, categorização de documentos em pastas e integrações com outras ferramentas de produtividade.

Essas são apenas algumas das opções disponíveis para gerenciamento de documentação e colaboração. A escolha da ferramenta dependerá das necessidades específicas da equipe, dos recursos desejados e das preferências de integração com outras ferramentas de trabalho.

O cenário

Para facilitar o entendimento vou detalhar mais o cenário que havia na empresa que ajudei para ficar mais claro tudo que buscávamos e aonde chegamos. Não vou utilizar nomes de empresas ou pessoas para garantir a devida privacidade dos dados e respeitar as pessoas que estavam envolvidas no projeto.

Imaginemos que a empresa precisava de uma solução mobile que ajudasse o cliente a acompanhar melhor as etapas de seu pedido ao mesmo tempo que tivesse acesso as suas informações financeiras e permitisse efetuar mais pedidos, do outro lado havia uma necessidade de uma solução web para ajudar a mapear futuros clientes. Talvez você esteja pensando que uma ferramenta de CRM (Customer Relation Management) fosse a solução para esse problema. Havia outras demandas e situações que eu preferi não trazer para o contexto para preservar a privacidade da empresa, por esse motivo pode ser que o exemplo fique simplista demais.

Dando mais detalhes sobre cada uma das aplicações que precisam ser desenvolvidas; a aplicação de gestão precisa ser um produto mobile que irá se conectar ao sistema de gestão já existente trazendo de forma segura para o cliente dados importantes sobre sua relação com a empresa, como situação de seus pedidos, posição financeira, situação de itens que estão em devolução, troca de mensagens com a equipe de vendas e assim por diante. A aplicação web deve estar 100% acessível na internet e ser uma extensão do site institucional que irá convidar o "futuro cliente" ou como chamamos, prospect, a olhar os produtos e serviços que a empresa oferece e ao final trazer um formulário que deve ser preenchido com alguns dados pontuais, havia a possibilidade do propect fazer um pequeno pedido como início de relacionamento.

Esse exemplo em resumo mostra que há uma solução com talvez duas aplicações a serem criadas, um site web com foco institucional/vendas e a segunda aplicação que é o sistema de gestão da vida do cliente.

Algumas informações importantes, o site web deve funcionar em qualquer dispositivo que suporte um navegador web e a ferramenta de gestão funcionara em dispositivos moveis e desktops.

Nesse sistema o cliente pode ver o que comprou, pagou, fazer novos pedidos, emitir relatórios, pedir análise de qualidade e assim por diante. Gostaria que você leitor me ajudasse deixando a sua imaginação voar bem longe e durante sua leitura acrescentar ideias e possibilidades.

Podemos analisar e desenhar esse exemplo de duas formas; na primeira como uma solução única e totalmente integrada e na outra desenharíamos como sendo duas soluções que devem ser construídas de forma totalmente independente, e que de alguma forma haveria conexão e integração entre elas, chamamos isso de integrável, ou seja quando algo não está integrado ou conectado nativamente, mas que permite e foi pensado para permitir algum tipo de conexão e ou integração, e quando falamos nessa integração estamos falando na troca de dados. Talvez uma equipe desenvolva tudo, ou também pode haver necessidade de ter duas ou mais equipes.

Um comentário para ajudar a construir mais conhecimento, quando falamos do conceito de integrável e integrado temos que entender as barreiras que existem em cada afirmação. O integrável tem por si restrições e limitações na troca de informações, porém quando falamos do integrado sabemos que não existe restrições e limitações e que se elas existirem são características do processo que foi desenhado como parte da regra da aplicação quanto a uma definição de arquitetura, lembrando que essa característica pode ser resolvida facilmente retirando essas "limitações".

Quando falo em conexão entre elas é que as aplicações devem se conectar, transferir dados entre elas e aí fica um espaço para uma explicação. A conexão pode ser em tempo real ou offline, ou seja, alguns processos acontecem e ao final consolidam as informações e transferem para a aplicação da ponta, aquela que o usuário deve ter acesso, somente o que precisar ser transmitido. Essa integração tem um atraso na informação mostrada.

O próximo passo e desenhar a estratégia e com isso seguir um caminho para materializar a criação da aplicação.

Qual seria a melhor estratégia?

Antes de iniciarmos no tema de estratégias quero ressaltar um ponto de atenção e que para o planejamento é importante. Particularmente tenho a preferência de utilizar a estratégia de dividir para conquistar e por isso vamos começar a falar um pouco sobre o processo de criação de uma aplicação e a divisão em partes.

Quando pensei nesse material inicialmente, minha ideia era ajudar a qualquer pessoa a criar, evoluir e finalizar a ideia de concepção de uma aplicação ou solução. Depois pensei como uma segunda parte da ideia, orientar quais caminhos podem ou devem ser seguidos para que essa ideia evolua e permita buscar um desenvolvedor que possa de forma clara, para todas as partes envolvidas, materializar a ideia em uma aplicação de sucesso.

Pense que a criação de uma aplicação é semelhante a construção de uma casa, você não pode começar a empilhar tijolos e colocar cimento para ligar os tijolos porque teve uma ideia muito boa, com isso achar que ao final do dia você terá um conjunto de paredes lindas prontas para colocar um telhado e ser a casa dos sonhos. Tenho certeza de que essas paredes estarão desalinhadas e não terão a sustentabilidade que é exigida de uma construção que irá suportar uma quantidade alta de peso.

Muito antes de se começar a empilhar tijolos se faz necessário começar e amadurecer a ideia, antes de querer transformá-la em um projeto, olhar dimensões, valores e conceitos talvez até mesmo de maneira generalista, pensar como aquela ideia irá evoluir com o passar dos anos, os investimentos que serão necessários para começar e continuar, analisar possíveis riscos e pontos de atenção, pensar em tudo e colocar isso na "sua" balança financeira, para depois decidir se deve ou não seguir em frente.

É comum demais ver pessoas que se aventuraram, e fracassaram, tentando desenvolver uma ideia e converter ela em aplicação sem antes fazer os passos corretos.

Com um olhar agora para o horizonte do "vou fazer", "vou realizar" e "vou ter sucesso" devemos detalhadamente olhar e desenhar o processo de criação dessa aplicação, buscar os responsáveis ou especialistas para colocar o processo em prática e nunca parar de pensar como essa aplicação continuará a evoluir.

Existem muitas maneiras, teorias, metodologias para criar uma aplicação, talvez colocando tudo isso de lado, mas ainda com muita cautela e com um olhar simplista, mas verdadeiro e realista, posso listar pequenas fases de um processo de criação de uma aplicação, ficando uma sequência basicamente como essa;

- **processo de criação da ideia**,
- **amadurecimento da ideia**,
- **criação de um projeto estruturado**,
- **início da materialização do projeto**,
- **revisitar para garantir que irá evoluir**,
- **simulação da aplicação em ambiente controlado**,
- **desenvolvimento e ou materialização da solução**,
- **teste em ambiente controlado**,
- **implementação, ou colocar para "rodar"**

De forma simplista, mas objetiva, resumi o processo de concepção, evolução, desenvolvimento, teste e implementação de uma aplicação em 9 partes, vou detalhar melhor sobre cada uma delas e dar mais contexto. Desta forma quero deixar fácil para quem quiser utilizar esse material como referência para começar a pensar em sua primeira criação de uma solução ou aplicação.

Minha dica é que você leia esse material todo e a cada pergunta que encontrar coloque ela em um papel e responda com ricos detalhes, pois para aquelas que você perceber que precisa de mais detalhamento na construção da resposta, você deve revisitar essa pergunta e revisar sua resposta dando mais contexto e riqueza de detalhes.

Eu gosto muito de usar uma planilha eletrônica, onde organizo as perguntas e conceitos por abas da planilha.

Crio inicialmente uma aba chamada conceitos e coloco todas as perguntas que são conceituais da solução nessa aba, depois crio uma chamada tecnologia para tudo que estiver relacionado ao ambiente computacional e outra para orçamento onde coloco tudo que for referente aos valores que devem ser desembolsados para concretizar a solução.

Fica fácil encontrar as respostas e começa a construção de uma documentação inicial que vai tomando forma e corpo aos poucos. Essa seria a dica preciosa que eu poderia dar; mantenha o máximo de documentação estruturada e identificada que você puder.

Digo estruturada porque a documentação deve estar dentro de uma organização que permita que você busque rapidamente de forma intuitiva e identificada. Não adianta salvar um arquivo dentro de uma pasta onde o nome do arquivo é scan0001.pdf e ninguém saber que aquele arquivo tem o fluxograma completo de como a aplicação irá manipular os dados que entram dentro da aplicação.

Começando a Jornada

O objetivo é trazer argumentos e ajudar a pensar qual será o melhor caminho e estratégia a seguir, mostrando os pontos positivos e negativos que cada escolha pode trazer. Não existe caminho certo ou errado, existem caminhos escolhidos e que algumas vezes podem nos levar a caminhos mais difíceis e outras vezes a caminhos mais fáceis.

Os mais difíceis não são errados e nem são algo que devemos evitar a qualquer custo, muitas vezes a complexibilidade da aplicação/solução que buscamos, tem etapas que são caminhos bem difíceis e tortuosos, e que fazem parte dessa evolução natural da ideia e do futuro do desenvolvimento da aplicação propriamente dita, bem como quando falamos em caminhos fáceis também podemos esbarrar na simplicidade da solução e que não consegue ter a robustez para atingir o seu objetivo final.

Agora pode ser uma estratégia criar uma solução mais simples e evoluir aos poucos, para entender se estamos realmente ajudando nossos usuários finais a produzir mais com menos esforço ou se estamos criando algo que é apreciado por não mais que quatro ou cinco pessoas na empresa, ou que não está agregando valor nenhum. Se isso acontecer pensemos que todo nosso trabalho inicial com as pessoas envolvidas foi falho.

Essas estratégias são importantes, pois evoluir algo simples nem sempre é mais fácil, mas também nem sempre é o pior cenário, por outro lado reduzir algo que foi feito complexo pode ser frustrante do ponto de vista da ideia e do ponto de vista financeiro.

O importante nesse momento de tomada de decisão é ter argumentos técnicos e de negócios suficientes para dar base a sua tomada de decisão e criar uma estratégia solida.

O primeiro passo

Com o cenário que temos e com a análise que fizemos, podemos afirmar que existem duas possibilidades de estratégias.

- *Uma aplicação única e integrada.*
- *Duas aplicações que permitam ser integradas.*

Agora que você tem todas, ou quase todas, as informações para começar eu imagino que começaram a saltar dezenas de perguntas em sua cabeça, e se isso aconteceu e ou está acontecendo, mostra que você está no caminho certo.

Se eu fosse arriscar a listar as perguntas que estão vindo em sua mente, talvez seriam essas;

- *Por que fazer o projeto em uma ou duas partes?*
- *Se eu começar como um projeto único consigo ter uma equipe para fazer tudo?*
- *E se eu começar em duas partes eu consigo dar atenção aos dois projetos?*
- *Será que eu tenho todo conteúdo que vou precisar para fazer o projeto do website?*
- *O que é mais importante para começar meu projeto, o website ou o aplicativo de gestão?*
- *Devo começar pela aplicação web e depois dar sequência na aplicação mobile?*

Seria fácil criar uma lista de todas as possíveis perguntas e respostas, talvez facilmente chegaríamos a 20 ou 30 itens nessa lista e isso não iria ajudar, mas sim atrapalhar muito mais a sua tomada de decisão.

Chamamos esse momento de definição de conceito de arquitetura da solução, esse momento é muito conhecido por analistas de tecnologia que tem conhecimento em desenvolvimento de solução.

Normalmente os grandes erros de conceito surgem nessa fase, e não estou falando isso para deixar você mais preocupado e sim para deixar você mais alerta. Saiba que pode haver erros, mas na tecnologia sempre haverá uma forma de remediar esse erro. Mas terá um custo a ser pago. Lembre-se *"no free beer"*, ou seja, nada é de graça sempre tem algum custo.

Vou dedicar um capítulo para falar de orçamento e como controlar ele no projeto, então fique tranquilo que vou de alguma forma orientar minimamente quanto a esse tema.

Mas vamos trocar as perguntas da lista acima e usar essas perguntas abaixo que devem ser um bom guia inicial quando desenhar um projeto;

- *Quem irá usar o website e o aplicativo de gestão?*
- *Consigo dar uma experiencia de utilização única ao meu cliente?*
- *A identidade visual está bem definida?*
- *Quem será meu apoio para tarefas operacionais?*

Agora olhando para essas perguntas vou dizer o porquê de cada uma delas e mostrar onde elas irão guiar você.

A **primeira pergunta** define quem é seu público-alvo e essa talvez diga muito mais para você sobre seu projeto do que você pode imaginar. Pense que saber quem é seu público já começa definindo muito sobre o seu projeto.

Eu poderia escrever um capítulo inteiro somente sobre esse tema, lembrando que é aqui que você começa definindo itens como tipo de design que irá usar, cores mais ou menos vividas, imagens que você precisa ter na aplicação, tipo de escrita e tom de voz das frases e textos, aqui você comece a entender qual será a estratégia que precisa ser adotada para desenhar essa solução.

Minha dica para essa pergunta é, responda ela com muitos detalhes. Escreva realmente muito para descrever para você e para todos que apoiarão o seu projeto. Eu faria uma pausa para um café após escrever a resposta mais detalhada possível para essa pergunta e com certeza voltaria ao meu computador com mais detalhes que serão preciosos para responder a sua segunda pergunta.

Mas no meio de tantos parágrafos, talvez um parágrafo faça você refletir e decidir como esse projeto deve ser conduzido, se você irá ou não dividir o projeto em duas partes e se isso vai ou não ajudar.

Na **segunda pergunta** você já não vai somente definir, mas vai também afirmar se você consegue ou não dar uma experiencia única, e quando falamos de dar uma experiencia única ao usuário estamos realmente indo para os mínimos detalhes da aplicação como um todo.

Pense que dar uma experiencia única é uma tarefa fantástica quando atingimos o primor é algo que faz nosso usuário final pensar e afirmar;

> *"Eu sei que fiz a escolha certa quando escolhi esse fornecedor ou essa solução."*

É neste momento que o nosso usuário consegue atingir um grau de satisfação e entender o retorno para o negócio dele, ver a sua empresa e sua aplicação como uma parceria saudável, como um investimento garantido e principalmente não olhar para você como custo operacional.

A experiencia única é quando o usuário entra na aplicação e tudo está conectado de forma simples e objetiva, as telas e cores, os ícones e informações, o fluxo de navegação, quando ele recebe um e-mail confirmando algo e mostrando que aquilo que ele fez foi concluído com sucesso, dando tranquilidade para ele. Mas não estou falando somente de uma tela que aparece, uma mensagem que salta na frente dele ou um simples e-mail dando uma informação óbvia.

Estou falando de informações que mostrem valor agregado ao negócio dele, informações que ele confia repassar a outro departamento da empresa.

Não estamos aqui falando de garantir que toda nossa aplicação tenha botões coloridos. Estou falando que existe um universo que pode ser explorado quanto a experiencia única do seu usuário final.

E chegamos na **terceira pergunta** sobre como está definida a identidade visual da empresa e como isso irá refletir na aplicação que estou desenhando.

Agora você começara a entender que você respondeu à pergunta dois e afirmou se poderia ou não sem antes ter a certeza de que a identidade visual estava pronta. Fiz isso propositalmente para mostrar que a sequência das perguntas deve seguir uma ordem e o certo seria a pergunta três estar na posição da dois.

Mas está tudo certo, você está somente definindo como será o desenho e a estratégia de uma aplicação que você precisa desenhar. Não é uma situação em que tem um comitê executivo na sua frente esperando você assinar um contrato que deve iniciar na próxima semana e você só agora percebeu que está em uma confusão que exigira um esforço monstruoso para colocar tudo no seu devido lugar.

Você lembra quando eu falei, na segunda pergunta, que não estávamos falando de botões coloridos na aplicação, então agora estamos. Talvez iremos muito mais em detalhes agora, pois não é somente definir a cor do botão, mas definir todas as informações que estarão relacionadas a marca da sua empresa e o devido lugar ou característica de cada coisa.

Acho que quando definimos uma identidade visual o próximo passo é criar um tópico no documento e dizer o que não pode ser e o que nunca poderá ser parte da identidade visual.

Vou dar um exemplo simples, a muitos anos participei do desenvolvimento de uma aplicação e a equipe de desenvolvimento seguiu de forma muito fiel a documentação de identidade visual que foi entregue, porém em nenhum momento a identidade visual falava sobre relatórios e documentos impressos até porque a empresa tinha uma visão muito ecológica e não apoiava em modo alguma a impressão em papel. O problema todo é que o sistema deveria gerar 3 documentos que seguiam regras governamentais e que deveriam ser impressos e assinados em uma reunião de comitê, não havia outra forma de fazer isso, pois era uma lei regulatória para aquele tipo de operação.

Os programadores seguiram as mesmas regras de identidade visual que estava definida para a aplicação em tela, mas para um documento que deveria ser impresso em impressora matricial, usando um formulário de várias vias com papel carbono entre as folhas, o resultado no final dos testes foi um desastre.

O sistema todo pronto e tivemos que revisar todos os relatórios, mas para isso tivemos que aguardar a equipe de marketing achar a solução correta para a identidade visual de itens que seriam impressos, o resultado foi um atraso de 2 meses, acréscimo de orçamento e pior que isso quase perdemos a janela que havia para implementar o aplicativo sem atrapalhar o momento do ano em que havia um fluxo absurdo de vendas, o que poderia atrasar em mais 3 ou 4 meses se tivéssemos perdido essa janela de implementação.

Por esse motivo tenha certeza de que você conhece muito bem o negócio da sua empresa, ou que tem as pessoas que conhecem a sua volta antes de bater o martelo no desenho da sua aplicação.

Finalmente chegamos na **quarta pergunta**, e talvez boa parte da resposta dela já esteja em sua mente. Definir quem irá dar o apoio operacional na criação de uma nova solução é muito importante, aqui vou usar um pouco mais de tempo e linhas para lhe ajudar;

Nos projetos que fui responsável sempre gostei de fazer uma lista com as competências de cada pessoa que estavam a minha volta e que poderiam, de alguma forma, contribuir com o desenvolvimento e ou a criação da solução. Era chamado inventario de conhecimento.

Era importante envolver essas pessoas desde o início do projeto ou concepção da ideia, porém esse envolvimento deve ter níveis diferentes e devemos evitar o envolvimento em excesso que cause do desinteresse. Como eu já expliquei é importante fazer uma reunião de detalhamento com cada grupo no momento certo, sendo que no começo do projeto vale fazer um rápido bate papo e dar uma ideia geral do que irá acontecer.

Eu costumo criar uma tabela bem simples, que segue bem próximo da tabela que coloco como exemplo abaixo. Pode-se utilizar uma escala de **0 a 5** para classificar o nível de conhecimento e ou envolvimento, sendo 0 como nenhum conhecimento ou envolvimento e 5 para domínio total e conhecimento do tema;

Pessoa	Conhece o Negócio?	Conhece o Cliente?	Conhece o Operacional?	Tempo que pode contribuir?

Figura 7 - Exemplo de tabela para Inventario de Pessoas e Conhecimento

Veja que tenho uma coluna que diz o tempo que essa pessoa pode contribuir, isso é muito importante, pois se você tem uma pessoa com notas entre 4 ou 5 para todos os itens iniciais, mas que seu tempo para contribuir é pequeno e restrito, posso assegurar que o seu sucesso de participação no projeto será minúsculo.

Prefira nesse caso pessoas que talvez tenham conhecimento entre 2 e 4 nos itens e que seu tempo de contribuição seja 3 ou 4 e crie uma boa estratégia para gerenciar esse tempo otimizando o envolvimento dessas pessoas no projeto.

Seguindo em frente

Vamos recapitular rapidamente e ver os pontos que abordamos. Falamos um pouco sobre todos o princípio da computação, algumas coisas sobre as metodologias, o conceito de fatiar os problemas, desenhamos um cenário e entramos um pouco no conceito que fala da arquitetura da solução e na experiencia do usuário.

Para as duas soluções que preciso criar, e vejam que tenho duas respostas distintas, uma delas irá me direcionar para futuros clientes e outra para quem já é meu cliente, e aqui é que começa a jornada mais complexa da decisão.

Se eu tenho dois tipos de públicos como alvo do meu projeto então eu posso ter dois projetos diferentes.

Agora fica a pior dúvida, se eu tenho dois projetos distintos e que serão vistos por públicos distintos então eu posso ter dois projetos ao invés de um?

Quando essa pergunta aparece fica tudo bagunçado, e vamos piorar um pouco mais as dúvidas. *Eu vou dar uma experiencia de utilização única para cada projeto ou para os dois?*

Mas como estamos aqui para ajudar e não para criar uma lista de dúvidas na cabeça de vocês, vou me adiantar e dizer que a experiencia deve ser única para os dois ambientes, pois se um futuro cliente, ou seja, um prospect, faz a conversão e se torna cliente, quando ele entrar no sistema de gestão ele não pode passar a ter outra experiencia. Para ele a ideia deve ser de que nada mudou, ele deve entender que tudo é somente uma continuação sistêmica natural. Talvez se trabalharmos com muita atenção ele não devera nem mesmo notar que mudou de aplicação.

Você irá oferecer uma experiencia de utilização única para os dois casos e aqui eu já diria que se você optar por um projeto único ou separado não irá mudar muita coisa. Talvez o ponto aqui seja muito mais entender o modo de condução do ou dos projetos, porém olhando para a quarta pergunta eu tenho o último suspiro para tomar minha decisão, quem irá me ajudar nas tarefas operacionais.

Imagine que um website institucional que tem como objetivo trazer o cliente para perto e depois converter esse cliente que veio para perto e ficou interessado em algo que eu possa oferecer a ele.

Esse site deve fornecer, por obrigação, uma quantidade, e com uma qualidade absurda, de informações escritas da forma correta, isso significa que a escrita deve estar bem direcionada ao meu público algo, ou seja, o tipo de cliente que compra o meu produto. O tom de voz, como dizemos deve estar muito bem alinhado.

Nesse momento eu diria que se você respondeu positivamente para a quarta pergunta você pode escolher a condução de dois projetos e não terá grandes problemas, pois sabe quem você deve atingir, você pode proporcionar uma experiencia única, sua identidade visual está bem definida e não importa quem faça seus projetos está tudo muito documentado e principalmente você tem uma pessoa ou um materiais de apoio bem elaborado para dar subsídios a equipe de desenvolvimento e marketing sem que eles fiquem parados aguardando algo ser criado.

Assim tudo começa a ficar mais claro, pois você entendeu que precisa ter muito bem definido aquilo que você quer criar, onde quer chegar, quem você quer atingir e como você quer atingir.

Neste momento quero fazer uma observação importante. Criar uma solução, não importa para qual dispositivo, é um processo simples desde que você tenha claro como percorrer essa jornada que caminhamos juntos até aqui, caso contrário sempre vai ser difícil avançar.

Não adianta começar a criação sem antes ter bem claro os padrões que devem ser seguidos.

Um pouco mais de Conceito

Bom até aqui eu contei várias histórias, expliquei como algumas coisas aconteceram e como devem acontecer, falei do modo como você deve olhar para a experiencia do usuário final.

Entramos um pouquinho em temas sobre a arquitetura da aplicação, possíveis fatiamentos e divisões, mas precisamos voltar para o conceito da criação da ideia na sua cabeça e ajudar a você nessa jornada de materialização da ideia em um produto.

Volto agora a falar do conceito de criar o questionário e em alguns momentos vou citar os exemplos do início do livro.

Pense na jornada de criação da sua ideia, a estruturação dela e o início da materialização.

Começando o questionário

A solução correta é mais psicológica do que tecnológica, eu vou explicar.

Quando eu comecei a desenhar o questionário, como eu contei anteriormente, o que estávamos fazendo era consolidar as afirmações que surgiram em uma reunião de "Brainstorm".

Todos em uma sala com um quadro branco e alguns blocos de PostIT de várias cores escrevendo afirmações de coisas que desejávamos e gostaríamos e ou seria legal ter.

Esse exercício gerou uma massa de dados bem legal, e começamos a converter tudo que estava ali em perguntas com as respostas abaixo, porém quando eu terminei de ler e comecei a revisitar fui encontrando perguntas que não tinham sido feitas.

Nesse momento pensei que deveríamos falar mais uma vez para revisar as respostas e responder as perguntas que haviam surgido. Nem sempre o tempo é nosso amigo, logo após o meio da semana seria um feriado e todos estavam empolgados para aproveitar o feriado com suas famílias e para isso estavam deixando todas as tarefas o mais resolvidas possível, não havia tempo para uma segunda reunião.

Eu precisava criar algo, eu tinha de correr um pouco de risco e usar o conhecimento que tinha adquirido nas necessidades da solução.

Processo de criação da ideia

Particularmente eu adoro esse momento, pois é o momento em que começamos a sonhar acordado, realmente é um processo superinteressante. Costumo aconselhar que juntem todas as pessoas que conhecem do negócio e expliquem a todas elas a ideia desse projeto e o que queremos alcançar nesse momento que estamos juntos.

O próximo passo é que todos tenham muitas folhas de papel em branco, lápis ou um editor de texto no computador e se possível um gravador para gravar tudo que vem à mente de todos. É nesse momento que devem deixar a imaginação levar e normalmente conseguimos criar soluções super incríveis.

Vale escrever texto em formato de carta com tudo que se deseja que a solução tenha e ou faça, vale criar listas e colocar bullets ou enumerar as funcionalidades, vale fazer sessão de brainstorm, vale colar centenas de PostIT coloridos em um quadro branco com as funcionalidades, vale desenhar fluxos, vale tudo realmente porque você precisa colocar tudo que sente que irá ajudar ao seu negócio a ser mais produtivo, competitivo, lucrativo e melhorar a qualidade de vida dos que trabalham com você em algum lugar para que isso se torne uma ideia concreta. Minha dica é que não tenha medo de sonhar nesse momento e lembre-se que papel e editor de texto aceitam tudo.

O único ponto de atenção é que a sessão tenha tempo de início, meio e fim e haja uma pessoa controlando e organizando tudo. Caso contrário vira uma pequena bagunça e não conseguiremos chegar ao objetivo desejado.

Amadurecimento da ideia

Esse momento eu gosto de chamar de voltar ao chão ou voltar a terra, é quando paramos de sonhar alto e começamos a olhar aquilo que vai realmente poder ser materializado, é um momento interessante, pois é um momento que começamos a nos questionar o porquê colocamos aquilo no papel e se aquilo que colocamos faz realmente sentido e o porquê colocamos.

É interessante nesse momento nenhuma ideia sair da lista sem antes ter a certeza de que ela não é boa e ou que realmente não irá ajudar.

Já presenciei ideia incríveis e outras não tanto em um quadro branco com PostIT que no final quando começamos a questionar vimos que existiam lacunas nos processos da empresa e que não era claro para todos o porquê havia falhas.

Tivemos que parar a sessão no outro dia e fazer uma reunião de alinhamento de processos que foi fantástico, pois resolvemos problemas que poucos estavam enxergando.

Ao final dessa reunião deve restar somente as funcionalidades que estarão dentro da aplicação/solução e todos envolvidos devem saber explicar por que elas estão ali.

Materializando a Ideia

O processo de materializar a ideia é quando entendemos que chegamos ao ponto final da consolidação. Mas para ter essa certeza há algumas tarefas que precisamos concluir.

Se você recordar o começo da história que contei relembrara que em um determinado momento eu conto que sentamos todos juntos e revisamos tudo que havíamos falado e discutido e somente depois disso é que concluímos que estamos com a documentação de nossa necessidade, ou melhor de nossa ideia consolidado e pronto para seguir em frente.

Minha sugestão nessa etapa é que conversem muito e tenham a certeza de que chegaram a uma versão final de tudo que poderia ser a ideia materializada e daí para a frente começa o planejamento de como executar a materialização da ideia.

É nesse momento que definimos como iremos seguir, qual o parceiro que irá trabalhar conosco ou como iremos buscar o parceiro, quais os tempos e orçamentos que teremos para executar esse projeto.

O próximo passo é partir para a criação e estruturação do projeto, porque se já temos tudo que precisamos o próximo passo é começar a executar.

Criação de um projeto estruturado

A criação de um projeto estruturado é muito mais uma consolidação de tudo que foi falado e filtrado para dentro de um documento, com tópicos, sessões, títulos e tabelas que mostram quem é o responsável por cada parte, quem conhece mais cada coisa e por isso estará mais envolvido. Esse momento saímos de um ambiente onde temos 10 pessoas e vamos para uma mesa com talvez 3 ou 4 pessoas.

Início da materialização do projeto

Essa etapa todos os envolvidos devem ter o documento final, que foi criado por essas 3 ou 4 pessoas, e garantir que não faltou ou sobrou nada, aliás se sobrou deve estar na lista de backlog e ser tratado durante a evolução do projeto.

Uma dica importante é se o seu nome está na lista você precisa garantir que está na lista certa, essa é a mensagem que deve ser passada a cada um dos envolvidos, bem como seu compromisso de dedicar tempo quando estiver na etapa da criação da solução, em que momento essa pessoa precisara dedicar tempo para ajudar na materialização da solução.

Quando digo que seu nome deve estar na lista certa significa que seu nome deve estar no local que reflete de forma responsável as suas atribuições, comprometimento, tempo e conhecimento.

Revisitar para garantir que irá evoluir

As pessoas que estão lendo o documento final devem ser orientadas a pensar não somente no momento inicial do desenvolvido, mas no futuro e nas funcionalidades que ficaram de fora e foram definidas como "coisas para o futuro".

Quando estamos na segunda fase e estamos consolidando tudo que é ideia, é muito comum que algumas coisas fiquem para o futuro, ou porque ainda não estamos certos de que aquilo é importante naquele momento ou porque vale a pena deixar algo de fora, senão ficaremos com "muita comida no prato", como falamos algumas vezes.

Essa expressão é usada para demonstrar que quando estamos com muita comida no prato fica complicado, cortar algum alimento, porque algo pode cair para fora, alimentos irão se misturar e misturar os sabores, outros ficarão mais frios porque serão comidos por último e no final nem tudo poderá ser saboreado corretamente. Por outro lado, quando temos nosso prato com mais espaço podemos degustar e saborear cada alimento ali colocado e se necessário pegamos mais alguma coisa, caso a fome ainda persistir.

Essa analogia é superimportante em um projeto como esse, vale lembrar que alguma coisa que ficou de fora, se houver espaço e possibilidade ela pode entrar na lista de execução ainda na primeira fase, mas para que isso ocorra de forma responsável a lista precisa ter esse "backlog" definido com prioridade numerada, para intuitivamente o responsável pegar a tarefa e colocar ela para ser parte da fase atual.

Simulação da aplicação em ambiente controlado

Nesse caso existem duas possibilidades para essa fase, há empresas de desenvolvimento que conseguem criar um MVP (Minimum Viable Product), que em português pode ser traduzida como "Produto Mínimo Viável" e permitem que você execute simulações em uma versão mínima da solução. Esse recurso é realmente interessante possibilita uma experiencia de simulação fantásticas.

A outra possibilidade é você estar com outras pessoas envolvidas e simular as fases e ou executar os fluxos que estão descritos na documentação que foi criada. Esse modo é muito trabalhoso, porém ajuda a encontrar possíveis pontos de falha no projeto e ou também garantir que você está no caminho certo.

Sempre vou recomendar a todos que essa fase seja executada, seja manualmente ou de forma automatizada.

As duas possibilidades têm seus pontos positivos e negativos; sendo que a primeira é uma simulação real ela demora para acontecer, pois precisa existir uma versão mínima do produto e a segunda é toda manual e pode ser feita a qualquer momento, mas muito trabalhosa.

De qualquer forma não haver um teste correto da aplicação durante o desenvolvido pode e trará muitos problemas.

Controlando o Orçamento

O momento de idealizar e criar é uma das tarefas e situações mais interessantes na minha opinião, mas existem coisas que não são tão interessantes de como estas que citei.

A gestão e controle do orçamento é uma parte que precisa ter uma atenção muito especial e estar muito atento a sua evolução, talvez seja um item que precise ser pensado logo no início do planejamento e fazer parte do monitoramento diário. Algumas etapas do projeto podem consumir mais recursos financeiros do que imaginamos e em alguns casos essa constante atenção ajuda a evitar dores de cabeça futuras.

Minha sugestão é que desde o princípio do planejamento você crie controles que façam sentido e sejam práticos, pois nada confuso ou complexo para esse tema irá ajudar.

Eu gosto muito de usar a boa e velha planilha onde consigo colocar todos os valores, descrever as fases, distribuir valores por fases e com isso acompanhar cada pagamento versus as entregas pelas equipes responsáveis.

Uma outra dica ou sugestão que posso dar é que nunca se deve economizar orçamento com etapas que são de importância extrema, como por exemplo os testes da aplicação. Descobrir falhas de conceito ou erros depois que o produto está completamente implementado e em operação pode ser catastrófico.

Vamos pensar em uma situação em que você economizou muito dinheiro em seu projeto reduzindo ou até mesmo retirando a fase de teste da aplicação, decidiu você mesmo fazer os testes, até porque você é quem mais conhece a aplicação.

Isso pode ser ótimo, reduzimos o gasto financeiro e ganhamos tempo, porque você não precisara explicar para ninguém como o produto deveria funcionar e com isso tudo se tornara um sucesso. Certo?

Não!

Vou mostrar que tudo que está nos parágrafos acima é o início de um grande pesadelo e que do ponto de vista de projeto só tem pontos negativos. Elencando cada ponto;

- Você achar que vai ganhar tempo testando o produto e não explicando para alguém é muito errado, pois no momento que explica para alguém sobre o produto está repassando cada etapa de como ele deve funcionar, isso já é de grande importância.

- Explicar para alguém como o produto deve funcionar e como será o fluxo de execução, força você a criar uma documentação que sempre será muito útil.

- Ter uma pessoa de "fora do projeto" testando aquilo que foi desenvolvido evita vícios nos testes.

E veja que nem mesmo coloquei aqui a possiblidade de não haver a fase de testes, pois isso seria inaceitável e em muitas vezes irresponsável. Pense em um conjunto de pessoas utilizando sua aplicação e tudo que está sendo feito, como por exemplo cálculos, de forma errada porque os valores e algoritmos não foram corretamente verificados, no momento que for descoberto o erro o quanto você pode ter prejudicado um negócio e as pessoas que dependem dele.

Desenvolvimento da solução

Essa fase é aquela que você fica sendo somente o expectador e deve realmente assistir a todos os episódios desse filme, digo isso porque é muito importante acompanhar constantemente as etapas do desenvolvimento do software e estar disponível caso a equipe de desenvolvimento precise de mais detalhes para alguma situação que possa ser encontrada nas regras de negócio da aplicação.

Atrasar uma entrega por falta de um detalhamento ou de uma informação pontual, poderá atrasar o projeto como um todo e isso normalmente custa mais algum valor que poderá incomodar no seu orçamento.

Teste da aplicação em ambiente controlado

E aqui começa o show!

É nessa hora que toda a equipe envolvida deve ter mais um folego para analisar todo a aplicação desenvolvida entrar com inúmeros cenários e uma massa de dados em um ambiente totalmente separado e controlado e começar a produzir testes de todos os tipos.

Desde o simples teste de errar uma entrada de dados a situações em que o pedido foi todo feito errado e precisa ser retornado ou corrigido, indo mais longe e colocando o sistema para processar uma massa de dados talvez muito maior do que a empresa teria em um dia normal. Com isso começaremos a identificar possíveis pontos de stress e ou problemas de performance.

No outro lado é importante executar testes exaustivos de segurança, tentando de alguma forma burlar as regras que haviam sido definidas e descobrir quais são as falhas que o sistema pode ter.

Essa fase é extremamente crítica e deve ser vista com muita seriedade, porém o processo de estarem todos juntos testado é normalmente divertido.

Existe um processo de looping dentro dessa fase, pois tudo que for encontrado e que estiver fora do padrão, da documentação ou for erro precisa ser corrigido em um prazo pré-definido e na sequência precisa voltar para o grupo de teste, que irá novamente efetuar todos os testes.

Garantindo que o aplicativo está 100% operacional e que não há pontos de falha identificados. Uma pessoa do grupo deve ser definida como o ponto central de consolidação de todos os erros que forem encontrados no futuro e ela irá interagir com a equipe de desenvolvimento para que a correção e os novos testes sejam feitos.

A força tarefa deve procurar erros do software, erros de escrita, mensagens de aviso que não estão corretamente configuradas, comportamento do software em diferentes tipos de dispositivos e ou sistemas operacionais. Garantindo desta forma que a experiencia do usuário final é sempre muito completa e gratificante.

Implementação

Essa fase é a que requer muito planejamento e atenção na execução, pois precisa ser definido como será a implementação da solução criada.

E talvez aqui quase que caiba um capítulo inteiro para definir essa estratégia, mas vou somente abordar pontos mais importantes e tentar não deixar muito longa essa explicação.

Vale entender se o teste que foi feito com a solução na etapa anterior teve sucesso e tudo que foi encontrado foi corrigido e testado novamente, se a lista de erros e ajustes for concluída e tudo está dentro das especificações que foram criadas no início do projeto, então entramos na fase de definir qual será a estratégia de implementação.

Pode se criar uma estratégia de implementação completa, ou seja, a solução fica 100% disponível para todos os possíveis clientes e deve haver um monitoramento constante de como as coisas estão evoluindo, ou usar um plano de implementação estilo "soft open" e dependendo do tipo de negócio o planejamento indica que a migração dos clientes aconteça gradualmente. Dessa forma o cliente pode ir para a nova plataforma e aos poucos a empresa tem mais folego de ir "aculturando" todos na nova solução. Esse modo de implementação é legal porque existe uma validação dos processos internos da empresa e com isso garantem que não estamos nos perdendo nas etapas.

Meu ponto aqui é que não existe estratégia certa ou errada, melhor ou pior. O que existe é a definição clara de como começar, cada empresa adota um modelo e está tudo ótimo com isso, pois o importante é sempre garantir que o cliente ou usuário final tenha uma impressão positiva e que a empresa tenha tempo de treinar todos os envolvidos, revisar processos e assim por diante.

O Questionário

Achei interessante colocar no livro as perguntas que eu havia utilizado quando montei o questionário para a solução, o objetivo aqui é mostrar como estruturar melhor o seu questionário.

Minha sugestão é que essas perguntas e as demais que você desejar acrescentar, sejam colocadas em um documento que será padrão para toda a solução. Ficara muito melhor se para cada modulo houver o mesmo questionário respondido, isso quando o modulo tem características especificas, como por exemplo requerimentos legais ou fiscais diferentes do sistema principal.

Qual o Objetivo, *descrição detalhada do objetivo que quer ser alcançado com essa solução.*

Descrição detalhada, *descrição do projeto como um todo. Quanto maior o nível de detalhes melhor.*

Dicionário Técnico, *colocar nessa sessão todos os termos "técnicos" do mercado que esse produto estará inserido.*

Nome comercial do produto, *lista e relacionar os possíveis nomes do produto, lembrando que ele terá versão web e talvez app.*

O que será o Produto, *aqui você deve fazer um "brain dump" e colocar toda a história que descreva o produto, tudo que você sonha que ele faça. Escreva sem limite. Nessa sessão quanto mais detalhado melhor será para o entendimento do projeto.*

O que NÃO será o produto, *colocar nessa tudo que o produto não é e que pode ser "mal entendimento" do projeto, essa sessão é mais importante que a sessão anterior, pois determina qual caminho NUNCA seguir.*

Premissas, *listar e descrever as premissas, coisas que precisam existir de forma mandatória no produto, um ex.: precisa ter uma versão web e uma versão mobile.*

Regras de negócio, *colocar aqui tudo que é importante para a regra de negócio, como por exemplo com quem ele (O produto) deve falar, ideias de conexões, possíveis cálculos, algoritmos matemáticos* existentes. Dica – Sempre é bom finalizar essa sessão colocando os bullets das regras.

Plano de Comunicação, é nesse tópico que tudo que for relativo à comunicação interna e externa deve ser tratado e planejado. Desde um simples e-mail dizendo aos clientes que dia xx o antigo sistema estará offline para manutenção e que no dia yy um novo sistema estará funcionando e que seu modo de acesso será com um visual novo. Aqui é importante alguém do mundo de marketing dar uma força para ficar um trabalho bem legal.

Plano de treinamento, importante definir nessa fase como será o treinamento interno, ou melhor a capacitação de todos que podem ajudar e dar suporte em caso de dúvida e principalmente como será o canal de comunicação e suporte para os clientes que passaram a utilizar a nova solução, lembrem que esse plano deve estar bem alinhado com o plano de comunicação.

Fases de implementação do produto, baseado na descrição do produto acima é de suma importância determinar o que deve e ou pode ser a primeira versão do produto, caso contrário o desenvolvimento será eterno e frustrante, com isso em mão fica fácil criar fases de desenvolvimento e colocar os marcos de entrega de cada fase.

Dados Pessoais e Protegidos, olhando para a descrição do produto quais os dados protegidos pela GDPR/LGPD estarão armazenados, lembrando que todo dado pessoal e que pode ser usado para identificar o indivíduo deve estar armazenado em local seguro, esse é outro ponto que traz impacto no orçamento mensal, por exigir armazenamento e banco de dados com características especiais de criptografia.

Conexões Externas, colocar nessa sessão todas as possíveis conexões externas que o produto deve fazer, explicar o motivo e quando isso deve acontecer. Essa informação ajuda no provisionamento da volumetria de dados trafegados na internet e na rede interna ajudando a dimensionar os componentes e recursos que serão contratados para essa finalidade, otimizando desta forma o custo mensal.

Ciclo de vida da Informação, *nessa sessão é importante dizer qual o ciclo de vida da informação do ponto de vista de retenção e armazenamento, pois é importante o produto nascer com características que permitam expurgar dados desnecessários e ao mesmo tempo mover dados de baixa relevância para bases de dados históricas que não requerem performance e acesso em tempo real. Esse ponto mantem a saúde do produto quanto a velocidade e ao mesmo tempo da noção do histórico que deve ser mantido.*

Armazenamento, *colocar nessa sessão tudo que o produto deve armazenar quanto a arquivos, imagem, fotos e demais arquivos. Importante para determinarmos o volume de armazenamento e isso tem um impacto imenso no orçamento mensal.*

Evolução do Produto, *colocar nessa sessão todos os sonhos de evolução do produto, é de extrema importância contar tudo que se sonha que o produto seja um dia para que isso não fique guardado e quando um dia for implementar, descobrimos que temos que refazer o produto por um erro de projeto.*

Tamanho da Carga de dados, *não é fácil determinar o quanto de informação será adicionada ou manipulada dentro da aplicação ou da solução, mas através de alguns cálculos simples é fácil criar uma previsão mínima e com isso estimar a infraestrutura necessária para colocar a solução.*

Sazonalidade, *se o seu negócio sofre algum tipo de movimentação por sazonalidade, ou seja, é impactado por períodos ou momentos específicos dentro do ano é muito importante de alguma forma documentar esses "agentes que podem ser agressores". Alguns exemplos de sazonalidade são períodos festivos ou estações do ano e ou até mesmo impacto por alguma situação que acontece em tempos específicos.*

Orçamento, *importante colocar todas as informações quanto a previsão orçamentaria, talvez dividindo em fases ou colocando os valores a serem pagos dentro de uma linha do tempo que esteja alinhada com o planejamento do projeto, quanto as entregas, testes e implementação.*

Quanto mais detalhes e quanto melhores forem os indicadores que você deve monitorar melhor será a acurácia do monitoramento.

Tempo Esperado, *colocar nessa sessão todos os detalhes quanto a expectativa de tempo, quando você precisa ter o produto funcionando, o que seria um marco inicial do produto, o que seria uma versão mínima. Os detalhes dessa sessão podem ajudar muito com a determinação do orçamento necessário para o produto existir.*

Marketing, *colocar nessa sessão os links para onde estão os materiais publicitários como; Logotipos, definição de telas, padrão de cores e demais itens referentes a estética do produto.*

Responsáveis, envolvidos e decisores, *colocar nessa sessão o nome de todos os envolvidos nesse projeto, incluindo telemóvel e e-mail. Abaixo do nome colocar qual o papel da pessoa e seu poder de influência ou decisão. Se houver incluir fornecedores já contratados e seus papeis.*

Órgãos ou Instituições regulamentadoras, *nessa sessão colocar todos os órgãos/instituições regulamentadoras e se houver regras explicitas que devemos seguir, um exemplo: no Brasil um banco ou seguradora só pode usar a nuvem publica (Amazon ou Microsoft) se houver aprovação do banco central.*

Concluindo

Chegamos o final de toda essa nossa jornada. Foram muitas páginas e linhas com dicas e informações de como juntas um "monte" de ideias fantásticas e transformar elas em algo concreto.

Não é uma tarefa fácil explicar como fazer e tão pouco é uma tarefa fácil consolidar, mas com todos esses tópicos que eu coloquei talvez fique menos difícil essa materialização em algo que lhe dará prazer.

Como eu disse no começo do livro eu não tenho a intenção de criar um método novo, a ideia era só contar e explicar como se pode fazer algo juntando algumas dicas, mais um pouco de experiencia e tentar transformar isso.

Estou aqui torcendo para você que está com muitas ideais em mente começar essa jornada e conseguir ao final uma solução palpável.

Mais uma vez agradeço todo o tempo que ficamos juntos nessa jornada e desejo muita sorte para você.

Biografia

Autores Internacionais:

1. Eric Freeman, Elisabeth Robson, Kathy Sierra, and Bert Bates. "Head First Design Patterns." O'Reilly Media, 2004.
2. Robert C. Martin. "Clean Code: A Handbook of Agile Software Craftsmanship." Prentice Hall, 2008.
3. Martin Fowler. "Refactoring: Improving the Design of Existing Code." Addison-Wesley Professional, 1999.
4. Steve McConnell. "Code Complete: A Practical Handbook of Software Construction." Microsoft Press, 2004.
5. Kent Beck. "Test-Driven Development: By Example." Addison-Wesley Professional, 2002.

Autores Brasileiros:

1. Eduardo Martins Guerra. "Desenvolvimento Ágil para Web com Ruby on Rails." Casa do Código, 2015.
2. Vinícius Teles, Maurício Aniche, and Fernando Masanori. "Test-Driven Development: Teste e Design no Mundo Real com PHP." Casa do Código, 2015.
3. Rafael Nunes. "Desenvolvimento de Jogos para Android: Explore sua Imaginação com o Framework Cocos2D." Novatec Editora, 2014.
4. Ricardo Lecheta. "Google Android: Aprenda a criar aplicações para dispositivos móveis com Android SDK." Novatec Editora, 2015.
5. André Milani. "Desenvolvimento de Software Orientado a Objetos com C#." Novatec Editora, 2016.

Legenda das Ilustrações